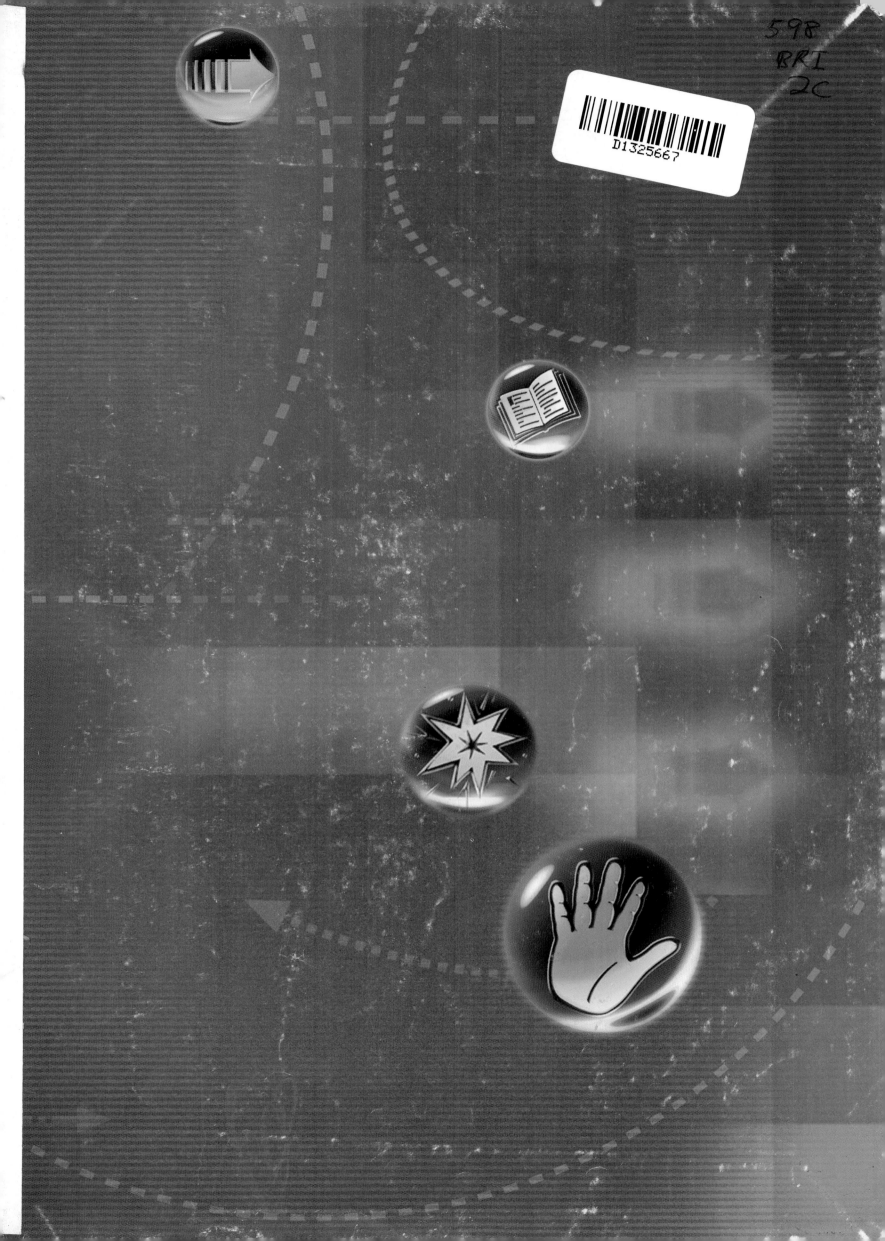

larousse.explore

Les Oiseaux

Conçu et produit par Weldon Owen Pty, Ltd, Australie
© 2000 Weldon Owen Inc.

Auteur : Edward S. Brinkley
Conseillers : Kevin J. McGowan, Noble Proctor
Illustrateurs : Jane Beatson, Dan Cole/Wildlife Art Ltd,
Barry Croucher/Wildlife Art Ltd, Christer Eriksson, Lloyd Foye, Gino Hasler,
Rob Mancini, John Richards, Peter Scott/Wildlife Art Ltd, Chris Stead

ÉDITION FRANÇAISE :
© 2001 Larousse/HER pour l'édition en langue française (Paris-France)

Responsable éditoriale : Véronique Herbold
Traduction et réalisation : Agence Media
Adaptation des textes : Marc Vassart,
docteur vétérinaire, ornithologue,
attaché au Muséum national d'histoire naturelle, Paris

Numéro d'éditeur : 10084063
ISBN : 2-03-565064-X
Dépôt légal : septembre 2001

Imprimé à Singapour

larousse.explore

Les Oiseaux

LAROUSSE

Sommaire

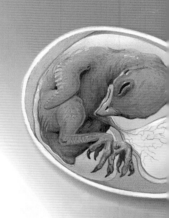

CHOISIS TON PLAN DE VOL !

Prépare-toi à t'envoler en compagnie des oiseaux ! Tu peux commencer par le début, en découvrant d'abord les caractéristiques physiques des oiseaux, puis leur mode de vie et enfin leur habitat. Mais tu peux aussi filer aux sujets qui t'intéressent le plus, en t'aidant du sommaire et des encadrés « Zapping ». Tu peux aussi choisir d'autres chemins de découverte en lisant les encadrés présentés sur chaque double page. Si tu veux en savoir plus sur le travail des ornithologues, lis les encadrés « Gros Plan ». Tu aimes les expériences amusantes ? Va voir les encadrés « À toi de jouer ». Tu ne comprends pas un mot ? Regarde à « Histoire de mots ». Enfin, si tu veux pêcher des idées pour étonner tes amis, alors survole les encadrés « Incroyable ! ».

GROS PLAN

LES SPÉCIALISTES DES OISEAUX

Ils font un travail passionnant, qui les conduit aux quatre coins du monde. Enregistrer des chants d'oiseaux nocturnes au cœur de la forêt tropicale, observer le mode de vie d'une colonie de manchots en plein blizzard, élever des oisillons, tout cela fait partie du travail des ornithologues, les hommes et les femmes qui consacrent leur vie à l'étude des oiseaux. En lisant les encadrés GROS PLAN, tu auras toi aussi envie de protéger ces animaux extraordinaires.

À TOI DE JOUER

ORNITHOLOGUE EN HERBE...

Les battements de ton cœur sont-ils aussi rapides que ceux d'un colibri ? Pour le savoir, saute plusieurs fois sur place, puis prends ton pouls. Fabrique une mangeoire avec l'emballage d'une brique de lait. Recueille des empreintes d'oiseaux. Avec À TOI DE JOUER, tu pourras faire tes premiers pas d'ornithologue !

HISTOIRE DE MOTS

Quel drôle de mot !
Que signifie-t-il ?
D'où vient-il ?
Tu l'apprendras
dans ces encadrés.

INCROYABLE !

Faits étranges ou fascinants, records étonnants… ils sont tous dans « Incroyable ! »

ZAPPING

Consulte ces encadrés pour te promener dans ton livre en sautant de chapitre en chapitre selon ce qui t'intéresse.

À vos marques,
prêts, partez !

QU'EST-CE QU'UN OISEAU ?

Il y a 6 milliards d'êtres humains sur terre. C'est beaucoup, mais peu comparé aux 100 milliards d'oiseaux qui vivent sur notre planète. La plupart d'entre eux savent voler, mais certains savent aussi nager, tandis que d'autres ne se déplacent qu'à terre en marchant ou en courant.

Les oiseaux ont évolué de multiples façons, s'adaptant ainsi aux différents milieux géographiques. Tourne la page et découvre pourquoi les oiseaux sont uniques dans le monde animal.

Momot roux
(forêts tropicales
d'Amérique)

Traquet du désert
(déserts d'Eurasie)

Héron goliath
(régions humides
d'Afrique)

Hémipode à collier
(savanes australiennes)

Roitelet
(forêts
européennes)

TOUT UN MONDE

Imagine que certains hommes aient la taille d'une tasse de café tandis que d'autres seraient plus grands qu'une maison. Il existe un écart de taille aussi important au sein des 9 000 espèces d'oiseaux. Quand les oiseaux ont commencé à voler, il y a des millions d'années, ils ont conquis des territoires sur tous les continents, dans des milieux aussi variés que les déserts, les forêts ou les océans. Ceux dont l'anatomie et le mode de vie étaient adaptés au milieu ont subsisté, les autres ont disparu.

Ainsi, avec ses ailes courtes et arrondies, le roitelet parvient sans mal à tisser son nid dans les buissons où il niche. Le héron goliath est doté de longues pattes qui lui permettent de patauger dans la vase. Le traquet du désert protège ses œufs de la chaleur le jour et du froid la nuit en nichant dans des terriers de rongeurs. L'hémipode à collier, qui vit au milieu des herbes, est recouvert d'un plumage qui le camoufle aux yeux des prédateurs ; même certains oiseaux colorés des forêts tropicales, tel le momot roux, parviennent à se fondre dans le feuillage.

Les milieux naturels des oiseaux

- Villes
- Forêts tempérées et steppes
- Forêts tropicales
- Prairies
- Montagnes
- Déserts
- Régions polaires

HISTOIRE DE MOTS

• Un **ornithologue**, ou **ornithologiste** (du grec *ornis*, « oiseau », et *logos*, « science »), est une personne qui étudie les oiseaux.
• Le **biotope** (du latin *bio*, « vie », et *topos*, « milieu ») est le milieu dans lequel évolue un être vivant.

INCROYABLE !

• L'autruche d'Afrique est aussi lourde que deux hommes. Elle peut peser jusqu'à 140 kg.
• À l'éclosion, l'oiseau-mouche de Cuba pèse à peine 2 g – moins qu'un ongle !

ZAPPING

• De quelle façon le plumage de certains oiseaux est-il adapté au milieu dans lequel ils vivent ? Réponse pages 16-17.
• Comment les oiseaux sont-ils adaptés à l'alimentation qu'ils trouvent dans leur milieu ? → pages 34-35.
• Certains milieux – par exemple, les forêts – abritent un grand nombre d'espèces d'oiseaux. Comment font-ils pour cohabiter ? → pages 52-55.

MILIEUX EXTRÊMES

Certains oiseaux habitent des contrées où nous aurions du mal à vivre. Comment est-ce possible ?

UNE VÉRITABLE ÉPUISETTE !

Le flamant rose vit dans les lacs peu profonds et les régions côtières d'Asie, d'Afrique, d'Amérique et d'Europe. Avec son long cou et ses pattes interminables, il est parfaitement adapté à son milieu. Pour se nourrir, il se penche en avant, renverse sa tête et drague l'eau de son bec recourbé. Quand il referme son bec, il se sert de sa langue comme d'un piston pour pousser l'eau contre les lamelles filtrantes de la partie supérieure de son bec. Il retient ainsi les petites crevettes, les insectes et les algues dont il se nourrit, et rejette l'eau boueuse.

RESTER AU FRAIS

La plupart des oiseaux qui vivent près de la mer pondent leurs œufs dans un trou à même le sol. Mais, dans le désert, c'est impossible, car les œufs cuiraient à la chaleur du soleil ! Au bord du golfe Persique, les drômes creusent des trous profonds dans les dunes : leurs œufs sont ainsi protégés du soleil par le sable frais.

S'EMMITOUFLER

Le manchot Adélie est bien adapté aux conditions polaires. Il est trapu et, dès le plus jeune âge, son corps se couvre d'un plumage dense qui le protège du froid.

GROS PLAN

SAUVER LES CAHOWS

En 1951, une équipe du Muséum américain d'histoire naturelle partit dans les îles Bermudes à la recherche du pétrel cahow, un oiseau décrit par les premiers colons américains et que l'on pensait disparu. Les scientifiques parvinrent à retrouver une petite colonie de cahows, mais celle-ci était menacée d'extinction. David Wingate, un habitant de l'archipel qui avait participé à l'expédition alors qu'il était âgé de 16 ans, consacra sa vie à l'étude et à la protection de cette espèce rarissime et, grâce à lui, la colonie compte aujourd'hui plus de 200 oiseaux.

DOMINER LES AIRS

Le gypaète, qui vit à très haute altitude, dans l'Himalaya par exemple, a de longues et larges ailes qui lui permettent de planer pendant des heures.

LES PREMIERS OISEAUX

Tu n'installerais certainement pas une mangeoire à oiseaux si cela risquait d'attirer un dinosaure aussi terrible que *Tyrannosaurus rex*. Et pourtant, chaque fois que tu y déposes des graines, tu donnes à manger à des cousins lointains des dinosaures. Les scientifiques pensent en effet que le premier oiseau connu, *Archaeopteryx*, était proche des théropodes, un groupe de dinosaures dont le tyrannosaure fait partie. Pour comprendre d'où viennent les oiseaux, les scientifiques comparent des fossiles de spécimens ayant vécu il y a des millions d'années avec l'anatomie des espèces actuelles. Après *Archaeopteryx*, d'autres fossiles d'oiseaux ont été découverts, comme *Hesperornis* et *Ichthyornis*. Le premier ne pouvait voler, mais il nageait sous l'eau pour capturer des poissons, tandis que le second était sans doute un bon voilier.

GROS PLAN
À LA RECHERCHE DU PASSÉ

Charles Darwin (1809-1882) est un naturaliste anglais dont la théorie sur la sélection naturelle explique comment les plantes et les animaux ont évolué. Selon lui, les espèces qui ont des caractéristiques adaptées à leur milieu se nourrissent davantage que les autres et ont plus de descendants. Au cours d'un voyage dans les îles Galápagos, au large de l'Amérique du Sud, Darwin remarqua que différentes espèces de pinsons avaient prospéré sur l'archipel. Pour lui, tous ces oiseaux étaient issus d'un même ancêtre dont seuls les descendants qui s'étaient adaptés à l'environnement avaient survécu.

PREMIÈRES PLUMES

Archaeopteryx est le premier animal à plumes connu, mais il est possible qu'un dinosaure du groupe des théropodes ait, avant lui, porté un plumage. Aujourd'hui, seuls les oiseaux ont un corps recouvert de plumes, grâce auxquelles ils sont capables de voler.

Ichthyornis

Archaeopteryx

Dinosaure théropode

UNE MERVEILLE SORTIE DE TERRE

Imagine la joie des ornithologues quand, en 1861, des fossiles d'*Archaeopteryx* furent découverts dans une carrière de calcaire en Allemagne. Dans un premier temps, les scientifiques pensèrent qu'il s'agissait d'un reptile : la mâchoire était garnie de dents et le squelette ressemblait à celui d'un dinosaure théropode. Mais la fine couche de boue qui recouvrait le fossile révéla la présence d'un plumage. Les scientifiques baptisèrent alors cette créature *Archaeopteryx*, qui signifie « aile ancienne ».

HISTOIRE DE MOTS

• La **taxonomie** (du grec *tassein*, « mettre en ordre », et *nomia*, « loi ») est la science qui nomme les espèces et qui regroupe celles qui sont proches.

• Les **paléo-ornithologues** étudient les oiseaux disparus et utilisent la taxonomie pour reconstituer le puzzle de l'évolution des oiseaux. *Paleo* est un mot grec qui signifie « ancien ».

INCROYABLE !

Les plus grands oiseaux du monde étaient les moas. Ils vivaient en Nouvelle-Zélande et mesuraient plus de 3 m de haut. Les hommes les ont tellement chassés qu'ils ont fini par disparaître à la fin du XVIIIe siècle.

ZAPPING

• Quels sont les cousins actuels des anciens oiseaux qui ne volaient pas ? Réponse pages 20-21.

• Les anciens oiseaux, tel *Hesperornis*, avaient un bec, mais ils avaient aussi des dents, comme les reptiles. Qu'en est-il des oiseaux d'aujourd'hui ? → page 22.

Oie des neiges

PÊCHEUR

Hesperornis, un oiseau de 1,50 m de haut, vivait à l'époque du crétacé (il y a 100 millions d'années). Il ne volait pas et se nourrissait de poissons. Son fossile fut découvert en 1870 au Kansas (États-Unis).

CHASSEUR DES PLAINES

L' « oiseau terrifiant » porte bien son nom. Il faisait plus de 2,70 m de haut et chassait dans les savanes d'Amérique du Sud. Sa tête était aussi imposante que celle d'un cheval.

DÉCOUVERTE !

Le fossile de *Teratornis merriami*, un oiseau qui ressemblait à un vautour, fut découvert dans une mine de Californie avec les fossiles de 104 autres espèces d'oiseaux disparues.

UNE HISTOIRE DE QUEUE

Découvert en Chine, le fossile de *Confuciusornis* daterait de 65 millions d'années. Sur cette photo, on voit les restes de deux créatures – leur squelette mais aussi le contour noir de leur plumage. L'un des oiseaux a une longue paire de plumes qui part de la queue, probablement le mâle, l'autre doit être la femelle ; en effet, chez les oiseaux actuels, la queue des mâles est plus longue que celle des femelles.

ESCALADE

Chez les jeunes hoatzins, chaque extrémité des ailes se termine par trois griffes qui tombent lorsque l'oiseau grandit. *Archaeopteryx* et *Confuciusornis* avaient également trois griffes au bout des doigts de leurs ailes. Les scientifiques comparent souvent les caractéristiques trouvées sur les fossiles avec celles des animaux actuels dans l'espoir d'en apprendre davantage sur l'histoire de la vie sur terre.

Faisan versicolore

Ibis rouge

Manakin
à queue effilée

LEUR ANATOMIE

Les ailes permettent aux oiseaux de voler, mais elles n'expliquent pas à elles seules l'extraordinaire maîtrise des airs dont font preuve ces animaux. Chaque partie du corps est en effet parfaitement adaptée au vol. Les systèmes respiratoire et cardiaque, par exemple, sont capables de fournir toute l'énergie dont l'oiseau a alors besoin.

Les poumons sont reliés à de nombreux sacs aériens qui se prolongent jusque dans l'abdomen et dans les os importants. L'air de ces sacs permet de refroidir l'oiseau en pleine action, allège son corps et maintient un équilibre indispensable au vol.

Le squelette et les plumes jouent également un rôle primordial dans le vol. Le corps des oiseaux est compact et constitué d'os légers, tandis que les plumes offrent une surface lisse, ce qui limite la résistance à l'air et facilite le vol.

UN SQUELETTE TRÈS LÉGER

Les oiseaux ont beaucoup moins d'os que les reptiles ou les mammifères, car certaines vertèbres ont fusionné, formant ainsi un cadre rigide qui facilite la mécanique du vol. Les clavicules sont également jointes et constituent un os appelé fourchette. Quand l'oiseau vole, la fourchette agit comme un ressort, dans un mouvement régulier de flexion et d'extension.

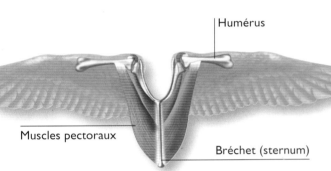

Humérus

Muscles pectoraux

Bréchet (sternum)

DES AILES PUISSANTES

Le centre de gravité des oiseaux se trouve au niveau des puissants muscles du vol, les pectoraux. Les extrémités de ces muscles sont reliées aux os de l'aile (humérus) ainsi qu'au sternum (bréchet). Ce dernier est large et arrondi comme la quille d'un navire, ce qui offre un point d'ancrage solide aux muscles régissant le vol.

À TOI DE JOUER
PRENDS TON POULS

Chez les oiseaux, les battements du cœur sont habituellement plus rapides que ceux de l'homme. Pour prendre ton pouls, place ton index et ton majeur ensemble sur un côté de ton cou (tout près de ta trachée) ou bien sur ton poignet, comme sur la photo. Utilise une montre ou un chronomètre pour recenser le nombre de battements en une minute.

Combien en as-tu compté ? Environ 70 ? Maintenant, saute plusieurs fois sur place ou cours pendant 2 minutes, puis compte de nouveau. À combien arrives-tu ? Environ 120 ? C'est normal pour nous, mais très lent pour un oiseau. Le cœur d'un colibri, par exemple, peut battre 700 fois par minute.

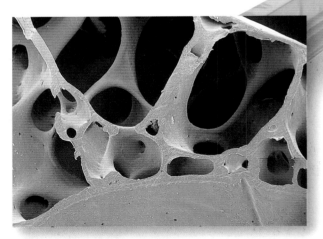

LÉGERS MAIS SOLIDES

S'ils avaient des os aussi compacts que les nôtres, les oiseaux seraient trop lourds pour voler. Leurs os sont creux et légers, ce qui ne signifie pas pour autant qu'ils se cassent facilement : l'ossature des oiseaux est même étonnamment solide car l'intérieur est composé d'une structure en nids d'abeilles qui renforce l'os tout en restant très légère.

- Les **biologistes** sont les scientifiques qui étudient les êtres vivants. Ce mot vient du grec *bios* (« vie ») et *logos* (« étude »).
- Les **vertèbres** sont les os reliés entre eux qui forment la colonne vertébrale. Le mot latin *vertebra* signifie « articulation ».

En 1758, un chirurgien anglais, John Hunter, constata qu'un oiseau dont la trachée était obstruée pouvait continuer à respirer s'il avait une patte ou une aile perforée. C'est ainsi qu'on découvrit que le système respiratoire des oiseaux était particulier, avec des poumons, des os et des sacs aériens connectés entre eux.

- Quels sont les différents types de plumes ? Réponse pages 14-15.
- Les oiseaux sont capables de voler grâce à leurs muscles puissants, leurs os légers, leur sternum proéminent, ainsi qu'à l'efficacité de leur cœur et leurs poumons. Mais quelles sont leurs techniques de vol ? → pages 18-19.
- Comment un oiseau se développe-t-il de l'œuf jusqu'à l'âge adulte ? → pages 30-33.

ORGANES INTERNES

LA POMPE VITALE

Comme le nôtre, le cœur d'un oiseau est constitué d'une double pompe. Dans le cœur gauche, le sang riche en oxygène vient des poumons et repart dans le reste de l'organisme (en jaune). Dans le cœur droit, le sang pauvre en oxygène est issu de tout l'organisme pour être propulsé vers les poumons, où il s'oxygène de nouveau.

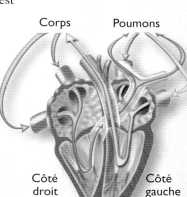

Corps — Poumons

Côté droit — Côté gauche

UNE RESPIRATION PROFONDE

Les poumons des oiseaux sont plus rigides et plus petits que les nôtres. Mais ils sont reliés à des sacs aériens qui augmentent leur efficacité.

NOURRIR L'ORGANISME

La nourriture va de l'œsophage jusqu'au jabot, où elle peut être stockée. Elle continue sa route jusqu'au gésier, où elle est broyée. Le sang retient les nutriments au niveau des intestins et les achemine jusqu'aux muscles. Les déchets sont évacués par le cloaque.

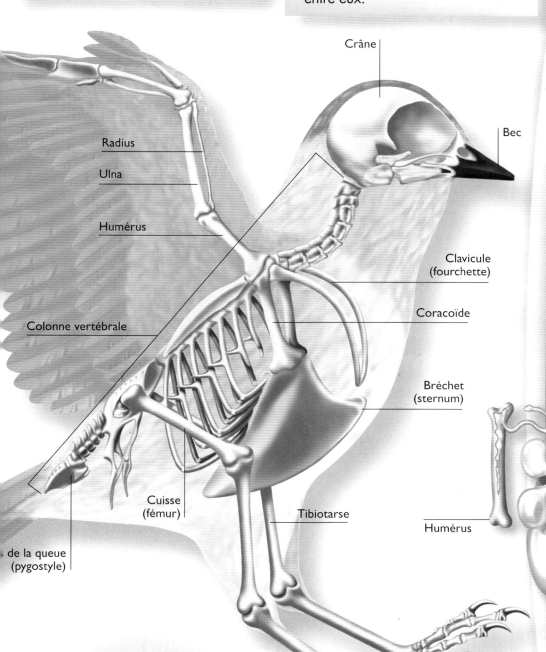

Crâne

Bec

Radius

Ulna

Humérus

Clavicule (fourchette)

Coracoïde

Colonne vertébrale

Bréchet (sternum)

Cuisse (fémur)

Tibiotarse

... de la queue (pygostyle)

Tarsométatarse

Griffes

Muscle semi-tendineux

Muscles fléchisseurs

Tendon fléchisseur

Trachée

Sac aérien

Humérus

Poumon

Sac aérien

LES MUSCLES DES PATTES

Tous les oiseaux, quel que soit leur mode de déplacement, possèdent deux muscles puissants dans la partie supérieure des pattes. Situés près de leur centre de gravité, ces muscles sont reliés aux doigts de pied par de longs tendons qui passent au-dessus de la cheville.

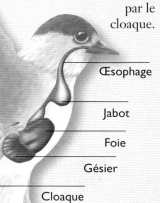

Intestins

Œsophage

Jabot

Foie

Gésier

Cloaque

Plume d'une aile de nymphique

Plume de queue d'un faisan

Plume de couverture d'un ara

Plume de duvet d'un aigle

LES PLUMES

Les oiseaux sont les seuls animaux à plumes. Ces dernières remplissent de nombreuses fonctions vitales. Elles protègent les oiseaux de la chaleur comme du froid, parfois aussi de l'eau. Elles leur donnent une couleur et une forme, grâce auxquelles ils peuvent attirer un partenaire ou, au contraire, se cacher d'un ennemi. Enfin, et bien sûr, elles sont indispensables au vol.
Il existe trois types de plumes. Les plumes de duvet sont les plus proches de la peau ; légères, mais denses, elles aident l'oiseau à se prémunir contre le froid. Au-dessus se trouvent les plumes de contour. Courtes et arrondies, elles donnent une forme lisse et aérodynamique à l'oiseau. Mais les plumes qui permettent véritablement le vol sont celles des ailes (les rémiges) et de la queue (les rectrices).

Scapulaires

Crête

Calotte

Alula

GROS PLAN

DANS LES AÉROPORTS

Il arrive que des oiseaux entrent en collision avec des avions. Cela peut endommager les turbines du moteur et provoquer des accidents. En France, les aéroports font appel à des fauconniers qui lâchent leurs rapaces lorsqu'il y a de trop grandes concentrations d'oiseaux sur les pistes au moment d'un décollage ou d'un atterrissage, pour les disperser. Aux États-Unis, certaines compagnies aériennes utilisent les services de Roxie Laybourne, une scientifique capable d'identifier une espèce d'oiseau en observant quelques-unes de ses plumes. En identifiant les oiseaux en cause, on peut prendre les mesures adéquates pour prévenir ce type de risque.

LA SEULE FAÇON DE VOLER

Les plumes de ce geai bleu, comme celles de tous les oiseaux, sont dirigées vers l'arrière du corps et se superposent comme les tuiles d'un toit. L'air glisse ainsi à la surface du corps quand l'oiseau vole. Si les plumes étaient redressées, elles offriraient une trop grande résistance à l'air et rendraient le vol impossible. Sur les ailes et la queue, la base des plumes de vol (rémiges et rectrices) est protégée par des plumes de couverture. Les plumes qui relient le dos aux rémiges sont dites scapulaires.

L'HEURE DE LA TOILETTE

Les plumes sont vitales pour l'oiseau, aussi doit-il les maintenir en excellent état.
Les oiseaux font leur toilette tous les jours et ils ont différentes techniques pour nettoyer et réparer leurs plumes.

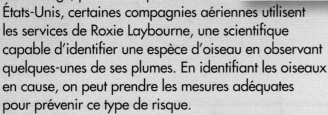

UN BON BAIN

Ce cygne tuberculé, dont l'espèce anime les plans d'eau de nos parcs, nettoie ses plumes en s'ébrouant dans l'eau. Un bon bain permet également à l'oiseau de se rafraîchir quand il fait chaud.

![book icon] HISTOIRE DE MOTS

• Le mot **mue** vient du latin *mutare,* qui signifie « changer ».
• Les plumes scapulaires recouvrent le haut du dos de l'oiseau. Le mot **scapulaire** vient du latin *scapulae,* qui signifie « épaules ».
• **Rachis** vient du mot allemand *rhakhis,* qui veut dire « épine ».

![star icon] INCROYABLE !

• Les grèbes mangent parfois leurs plumes. On pense qu'ils protègent ainsi leur estomac des arêtes de poisson qu'ils ingèrent.
• Certains oiseaux nettoient leurs plumes en utilisant des fourmis ou d'autres insectes qui, d'après les scientifiques, sécrèteraient des molécules toxiques pour les bactéries, les acariens ou les champignons.

![column icon] ZAPPING

• Comment les oiseaux utilisent-ils leurs plumes durant les parades nuptiales ? Réponse pages 26-27.
• Certains oiseaux naissent recouverts de plumes, tandis que d'autres viennent à la vie complètement nus. Comment les ornithologues appellent-ils ces deux types d'oiseaux ? → page 32.
• Quel oiseau a des plumes spéciales qui rendent son vol presque totalement silencieux ? → page 39.

Sus-caudales

Rectrices

Barbules

Crochet

Barbes

Rachis

UNE STRUCTURE RÉSISTANTE

Le vexille (demi-plume) est constitué de barbes partant du rachis. De chaque côté des barbes partent des barbules qui sont dotées de crochets microscopiques reliant les barbules entre elles. Ce mécanisme astucieux explique la solidité des plumes.

Grandes sus-alaires

Couvertures secondaires

Grandes couvertures

Rachis

Vexille

Rémiges

La plume se déploie hors de son étui.

Vieille plume

LA MUE

Les vieilles plumes sont remplacées par de nouvelles lors de la mue. La plupart des oiseaux adultes muent une ou deux fois par an. La nouvelle plume pousse à la base de l'ancienne, repoussant cette dernière. Le nouvel étui sèche, puis s'ouvre, dévoilant une plume toute neuve. Une plume perdue en dehors de la période de mue est remplacée en quelques semaines.

La nouvelle plume repousse l'ancienne.

SÉANCE DE BROSSAGE

Cette perruche moine lisse l'une des plumes de sa queue avec son bec, reconnectant les barbules des barbes, comme si elle pressait deux bandes de Velcro.

BAIN DE POUSSIÈRE

Cette poule sauvage se frotte dans la poussière pour retirer l'excès de sécrétion huileuse de son plumage. La poussière absorbe l'huile, puis retombe au sol.

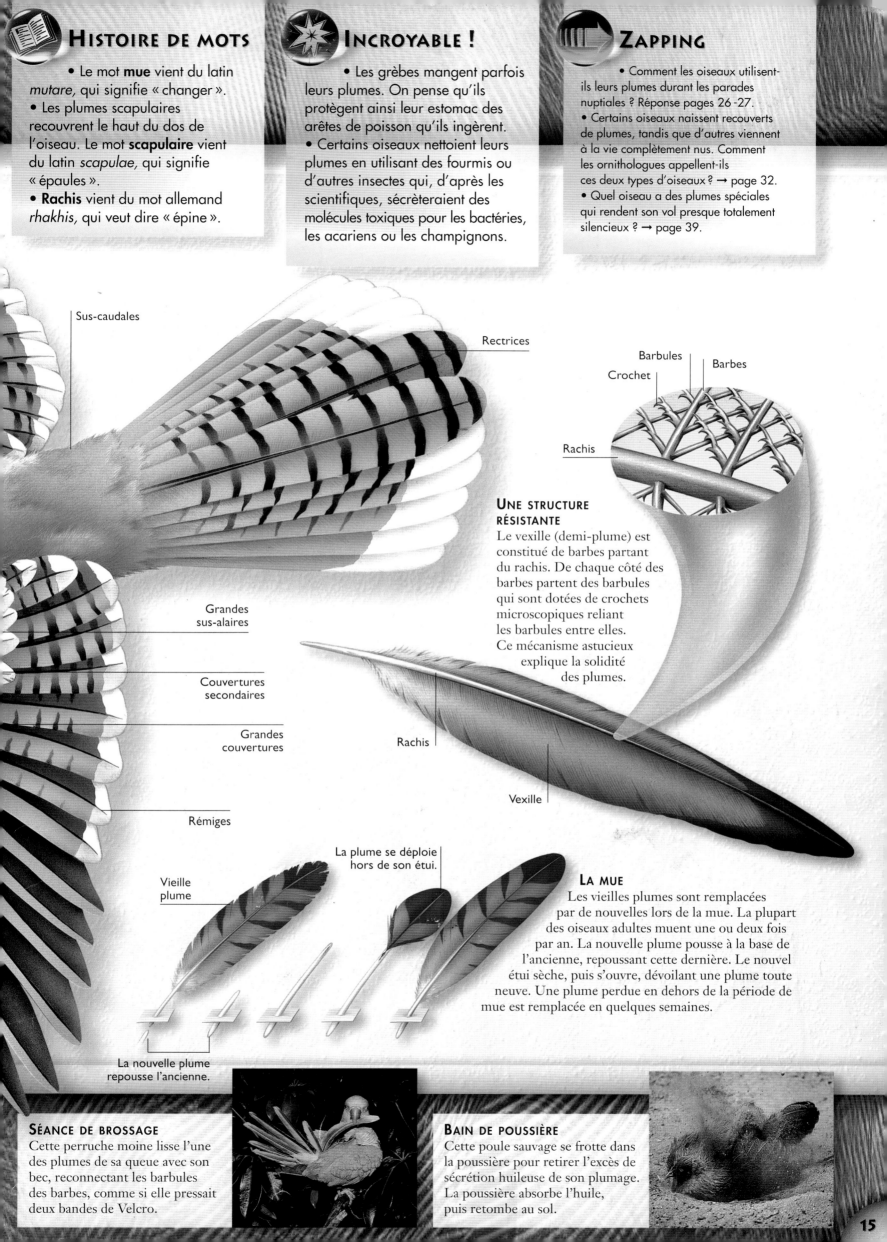

UN BEAU PLUMAGE

La forme et les couleurs du plumage sont caractéristiques de chaque espèce et permettent de reconnaître les oiseaux. La couleur du plumage est produite par deux types de pigments – les caroténoïdes et les mélanines –, dont la combinaison crée un grand nombre de couleurs, ainsi que par la structure des plumes elles-mêmes.

Le fait que chaque espèce ait un plumage spécifique permet aux oiseaux de reconnaître leurs congénères et de communiquer avec eux. La variété des couleurs et des formes aide aussi les oiseaux à se camoufler dans leur environnement. Les mâles ont en général des couleurs vives et utilisent leur plumage pour attirer les femelles. Certains oiseaux gonflent leurs plumes pour se faire menaçants lorsque d'autres oiseaux pénètrent sur leur territoire, par exemple. Le mâle du paon indien a sans doute le plumage le plus extraordinaire : il déploie plus de 200 plumes, formant ainsi un éventail de près de 2 m de diamètre orné de motifs qui ressemblent à des yeux.

DES PARURES DE RÊVE

On dénombre 43 espèces d'oiseaux de paradis (ou paradisiers). Chacune présente des couleurs et des formes spectaculaires. Le paradisier comte Reggi vit en Papouasie-Nouvelle-Guinée. Les plumes de couverture du mâle sont rouge-orangé, tandis que celles de la tête sont jaunes, vertes et noires. Quand il ne parade pas, le mâle maintient ses plumes collées au corps.

GROS PLAN

DES COIFFES EN PLUMES

Au cours de l'histoire, de nombreux peuples ont utilisé les plumes d'oiseaux comme décorations. Aujourd'hui encore, certaines tribus de Papouasie-Nouvelle-Guinée arborent des plumes d'oiseaux de paradis pendant leurs cérémonies. Les chasseurs de ces tribus ne tuent que quelques mâles adultes et laissent vivre les jeunes oiseaux :

de cette façon, ils n'entravent pas la reproduction de l'espèce. Mais tout le monde n'agit pas ainsi. Au XIXe siècle, en Europe, la mode des chapeaux à plumes a entraîné le massacre de millions d'oiseaux. La première société de protection des animaux fut créée à cette époque aux États-Unis pour protester contre la destruction des populations d'aigrettes (une espèce de héron).

COMME UN TABLEAU

Les plumes noires du mâle du paradisier de Wilson font ressortir les couleurs vives du plumage. La calotte bleue, la nuque jaune et le dos rouge semblent avoir été peints directement sur l'oiseau.

• Le mot **plumage** vient du latin *pluma,* qui signifie « plume douce ». On a longtemps utilisé des plumes (d'oie, notamment) pour écrire, d'où le terme stylo à plume.

• **Iridescent** vient du grec *iris,* qui veut dire « arc-en-ciel ». L'iris est également la partie colorée de l'œil.

La couleur du plumage d'un oiseau dépend parfois de sa nourriture. Le flamant rose ou la spatule rosée doivent leur couleur aux petits crustacés aquatiques dont ils se nourrissent, qui sont riches en caroténoïdes. Sans eux, ils risqueraient de perdre leur belle tonalité rose.

• Les couleurs et les dessins du plumage offrent aux oiseaux d'extraordinaires capacités de camouflage. Quels oiseaux nocturnes peuvent se déguiser en branches durant la journée ? Réponse page 38.

• Quel oiseau devient blanc l'hiver pour se camoufler dans la neige ? → page 61.

CAMOUFLAGE

Les femelles sont généralement moins colorées que les mâles ; ainsi elles peuvent mieux se cacher des prédateurs quand elles couvent leurs œufs ou élèvent leurs petits.

TRÉSORS SECRETS

Chez les quetzals, les plumes de la face et du corps du mâle et de la femelle se ressemblent, mais le plumage du mâle est iridescent et se termine par de longues plumes caudales. Les quetzals sont souvent difficiles à repérer au milieu de la végétation de la forêt tropicale.

REFLET TROMPEUR

Le plumage du mâle du canard Arlequin a des marques blanches qui forment un camouflage comparable à celui du zèbre ou du tigre. Il est difficile de le distinguer dans un environnement à couleur variable, tel qu'une surface d'eau miroitante.

DEUX COSTUMES

Le mâle du passerine indigo est marron comme la femelle et donc difficile à repérer dans la brousse. Mais, durant la saison nuptiale, il arbore une parure bleu roi.

DANSE DANS LES ARBRES

Pour attirer les femelles, les mâles du paradisier bleu déploient leurs ailes bleues et leurs longues plumes caudales noires, ce qui les fait paraître plus grands qu'ils ne sont en réalité. Tous les paradisiers effectuent une danse nuptiale durant laquelle ils exposent leur plumage sous ses plus beaux atours.

PARURE IDÉALE

Grâce aux fins motifs de leur plumage, le mâle et la femelle ganga cata peuvent se camoufler dans le sable, les cailloux…

Renard volant indien (chauve-souris)

Papillon morpho bleu (insecte)

Dragon volant (lézard)

Grunion (poisson)

LES MAÎTRES DU CIEL

Si les chauves-souris et la plupart des insectes savent voler, si certains lézards, des grenouilles et des écureuils peuvent planer, très peu d'animaux volent aussi haut, aussi loin et aussi vite que les oiseaux.

Les oiseaux battent des ailes pour se maintenir en l'air et utilisent leur queue comme un gouvernail pour changer de direction. Ce sont la forme et la taille des ailes qui déterminent le type de vol dans lequel l'oiseau sera le plus à l'aise. Les espèces qui ont des ailes courtes et arrondies sont adaptées à des vols courts. Celles qui ont de longues ailes peuvent plus facilement utiliser les courants aériens pour voyager loin. Ainsi, les albatros exploitent la force naturelle du vent pour se maintenir en l'air : ils s'élèvent sur des courants ascendants et redescendent en planant quand ils ne peuvent aller plus haut ; pour monter de nouveau, ils replient une aile et dérivent vers un autre courant ascendant.

S'ÉLEVER

La partie ventrale des ailes d'oiseau est presque plate, tandis que le dessus est incurvé. Pendant le vol, l'air parcourt donc un plus grand trajet au-dessus de l'aile qu'au-dessous : cela crée une dépression au-dessus de l'aile qui tire l'oiseau vers le haut.

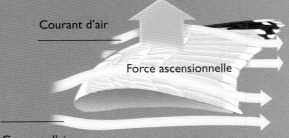

Courant d'air

Force ascensionnelle

Courant d'air

Section transversale de l'aile

DE PLUS EN PLUS HAUT

Avec 3,30 m de large, l'albatros royal a l'envergure la plus importante de tous les oiseaux. Il peut voler sans effort au-dessus des océans du Sud, où les vents violents sont très fréquents, parcourant des centaines de kilomètres à la recherche de nourriture sans battre des ailes, simplement en planant.

GROS PLAN

UN RÊVE FOU

Depuis les temps les plus reculés, les hommes ont toujours voulu voler.
L'artiste et génial inventeur italien Léonard de Vinci (1452-1519) observa attentivement les oiseaux en vol et étudia la structure de leur corps. Il conçut ensuite des plans d'ailes qui ressemblaient étonnamment à celles des avions d'aujourd'hui. Malheureusement, à son époque, le moteur n'existait pas et il fallut encore 400 ans avant que deux frères, Orville et Wilbur Wright, ne fassent décoller le premier avion, *le Volant*, en 1903.

BATTRE DES AILES OU PLANER ?

Ailes repliées

Corbeau américain

Minivet rouge

LE VOL BATTU

Les oiseaux battent des ailes pour rester en l'air et avancer. Ils rabattent et relèvent successivement leurs ailes grâce à des muscles puissants. Ces mouvements, surtout le coup d'aile vers le bas qui permet de s'élever, demandent beaucoup d'énergie. Les plumes facilitent le vol car elles donnent au corps une forme aérodynamique.

UNE PETITE PAUSE

Un oiseau de petite taille peut de temps à autre rabattre ses ailes contre son corps pour économiser de l'énergie. Quand il bat des ailes, l'oiseau s'élève tandis que, lorsque les ailes sont repliées, il redescend. Ces pauses donnent une trajectoire de vol caractéristique, qui forme une ligne ondulée, plutôt que droite.

• **Aviation** vient du grec *avis*, qui veut dire « oiseau ». Les mots aviateur et aviculture (élevage des oiseaux) sont également formés de la racine grec *avi*.

• **Albatros** vient du portugais *alcatraz*, « oiseau de mer ». Le « c » est devenu « b » à cause de la couleur de cet oiseau (*alba* signifie « blanc » en latin).

Il est difficile de mesurer la vitesse maximale d'un oiseau en vol, car les conditions extérieures peuvent beaucoup l'influencer. Certains oiseaux sont capables de se déplacer aussi vite qu'un petit avion quand ils sont poursuivis ou qu'ils chassent. En 1961, un pilote a enregistré la vitesse d'un mâle de harle huppé : 129 km/h.

• Quels muscles permettent aux oiseaux de s'envoler, de voler ou d'atterrir ? Réponse pages 12-13.
• Quel oiseau a des ailes spéciales qui lui permettent d'approcher ses proies en silence ? → page 39.
• Quelles sont les distances parcourues par les oiseaux migrateurs ? → pages 40-41.

FREINAGE EN DOUCEUR

Les oiseaux ont besoin de voler vite pour rester en l'air. Pour atterrir, ils abaissent leur queue et déploient leurs ailes. L'air frappe le dessous des ailes, ralentissant leur chute pour leur permettre d'atterrir en sécurité. Les avions fonctionnent de la même façon : ils ouvrent les volets de leurs ailes pour atterrir.

DÉCOLLAGE

La plupart des oiseaux s'envolent sans effort, en s'élançant tout simplement dans les airs. Mais, avec sa grande taille, le pélican ne décolle pas aussi facilement. Il doit s'aider de ses pattes pour soulever son corps au-dessus de l'eau et battre rapidement des ailes pour s'envoler. Une fois dans les airs, c'est un excellent voilier et un planeur hors pair.

Air chaud ascendant

LE VOL PLANÉ

Aigle royal

La façon la plus économique de voler est de planer sur des courants chauds ascendants (les thermiques). Les oiseaux dotés d'ailes longues et larges, comme les aigles, peuvent planer en cercles concentriques afin de rester dans une colonne d'air ascendant et de monter de plus en plus haut. Une fois en altitude, ils glissent lentement vers le bas sur une très grande distance, avant d'emprunter une autre thermique.

LE VOL STATIONNAIRE

Certains oiseaux peuvent faire du sur-place comme les insectes. Pour cela, ils battent rapidement des ailes avant de les faire pivoter autour des épaules. Les colibris peuvent ainsi s'immobiliser en vol, mais aussi avancer, reculer, monter ou descendre.

Colibri à dos pourpre

Un homme peut courir à 36 km/h.　　Un cheval de course à 70 km/h.　　Une autruche à 72 km/h.　　Un guépard à 100 km/h.

OISEAUX TERRESTRES

Certains oiseaux ne volent jamais sans que l'on sache exactement pourquoi. L'explication la plus plausible est qu'ils ont perdu la capacité de voler parce qu'ils n'en avaient plus besoin.

La plupart des oiseaux qui ne volent pas ont évolué sur des îles lointaines, telles que les Galápagos et la Nouvelle-Zélande. Là, ces oiseaux étaient en sécurité au sol car il n'y avait ni hommes ni prédateurs tels que les chats, les rats ou les renards. De plus, ils disposaient de suffisamment de nourriture sur place et n'avaient pas besoin de voler pour s'en procurer. Mais, quand les hommes et autres prédateurs sont arrivés, ces oiseaux ne purent leur échapper et quelques-uns, comme le moa de Nouvelle-Zélande, disparurent.

Certains oiseaux terrestres sont devenus très grands. C'est le cas de l'autruche, qui ne doit sa survie qu'à ses puissantes pattes avec lesquelles elle peut courir très vite.

GROS PLAN

PLANTEUR DE FRUITS

Les casoars vivent dans la forêt tropicale de Nouvelle-Guinée et se nourrissent de fruits. Une fois leur digestion achevée, ils rejettent dans leurs selles les graines des fruits ingérés, les dispersant ainsi loin de leur arbre d'origine. David Westcott étudie ce phénomène pour évaluer son impact sur les arbres de la forêt. Pour suivre un oiseau, il commence par l'attraper, lui fixe un collier émetteur, puis le relâche et repère ses déplacements pour savoir à quel endroit il va rejeter les fientes contenant les graines. En Guyane, les chercheurs français effectuent des travaux similaires pour déterminer de quelle façon les oiseaux et les mammifères influencent l'écologie de la forêt.

VOLER SOUS L'EAU
Aucune des 18 espèces de manchots ne sait voler, mais leurs petites ailes, qui ressemblent à des nageoires, leur permettent de se déplacer aisément sous l'eau, à une vitesse de plus de 30 km/h. Les manchots plongent pour attraper leur nourriture, puis reviennent à la surface pour respirer. Le manchot empereur (ci-contre) est le plus grand. Il vit dans l'Antarctique, où il supporte des températures très basses (– 62 °C) pendant les tristes mois d'hiver.

LES OISEAUX TERRESTRES DE NOUVELLE-ZÉLANDE
Cinq espèces d'oiseaux terrestres vivent dans le parc national de Fiordland : le manchot pygmée, le kakapo, le râle takahé, le weka et le kiwi brun. Le kiwi est l'emblème national de la Nouvelle-Zélande. Il est nocturne et c'est l'un des rares oiseaux à avoir un bon odorat.

Le kakapo est le seul perroquet qui ne sait pas voler. Mais il peut grimper aux arbres et planer ensuite jusqu'au sol. Comme il niche dans des trous, il constitue une proie idéale pour les prédateurs, ce qui explique qu'il n'en reste aujourd'hui qu'une cinquantaine.

HISTOIRE DE MOTS

Kakapo, **weka** et **kiwi** sont issus du langage des Maoris (les premiers habitants de Nouvelle-Zélande). Kakapo est formé de deux mots maoris : *kaka*, qui signifie « perroquet », et *po*, « nuit ». *Weka* veut dire « poule ». *Kiwi* était au début le nom du pays des Maoris, ce qui explique que cet oiseau soit devenu l'emblème de la Nouvelle-Zélande.

INCROYABLE !

• Le manchot empereur peut plonger jusqu'à 530 m de profondeur et rester sous l'eau près de 20 minutes.
• La femelle du kiwi brun pond des œufs énormes, qu'elle couve durant 11 semaines, ce qui est très long pour un oiseau car la couvaison ne dure que 11 jours chez le rouge-gorge et 21 jours chez la poule.

ZAPPING

• Quels sont les plus grands œufs d'oiseau ? Réponse page 31.
• Le kiwi brun est un oiseau nocturne. Veux-tu en savoir plus sur les oiseaux nocturnes ? → pages 38-39.
• Hormis certains oiseaux qui ne volent pas, de nombreuses autres espèces sont menacées d'extinction. Sais-tu lesquelles ? → pages 44-45.
• Les pingouins savent-ils voler ? → page 49.

Émeu

Autruche

Nandou

RELATIONS INTERNATIONALES

Les nandous, les émeus et les autruches sont de grands oiseaux qui ne volent pas et vivent respectivement sur les continents sud-américain, australien et africain. Comme ils se ressemblent, les scientifiques pensent qu'ils sont peut-être issus d'un ancêtre commun qui aurait vécu à l'époque où ces continents étaient reliés. Autre hypothèse : ils auraient évolué de la même façon car ils vivent tous trois dans des prairies, où ils se nourrissent d'herbes et d'insectes.

Le takahé est une espèce de râle qui ne vole pas. On pensait qu'il avait disparu, mais, en 1948, une petite population fut identifiée sur l'île. De nos jours, près de 180 takahés vivent dans une réserve près de Te Anau. Ces oiseaux solitaires nichent entre les touffes d'herbe de la prairie, mais restent en forêt l'hiver.

Le weka est une autre espèce de râle qui ne vole pas. Ses ailes sont bien développées, mais elles ne servent qu'à équilibrer l'oiseau quand il court. Le weka ne doit sa survie qu'à son ardeur au combat : il est assez fort pour tuer des rats !

Pic chevelu · Ara palmiste · Courlis asiatique · Spatule africaine · Aigle pêcheur d'Afrique

BEC ET PATTES

Les oiseaux, qui n'ont pas de mains, utilisent leur bec et leurs pieds pour tenir ce qu'ils mangent, gratter le sol à la recherche de nourriture ou se défendre. La taille et la forme du bec ou des pieds donnent beaucoup d'informations sur le mode de vie des oiseaux.
Avec son bec court et solide, le pic peut marteler l'écorce des arbres afin de déloger des insectes. L'ara palmiste utilise son bec puissant pour écraser les fruits et les graines. Grâce à son long bec incurvé, le courlis peut sonder la vase. La spatule présente une sorte de palette à l'extrémité de son bec avec laquelle elle saisit la nourriture. L'aigle pêcheur est doté d'un bec crochu, idéal pour déchiqueter ses proies.
Chez les oiseaux, le haut des pattes est recouvert par les plumes du corps, tandis que la partie inférieure est tapissée de petites écailles. L'articulation, qui se trouve au milieu de la patte, est suivie d'un pied allongé, puis de deux, trois ou quatre doigts que l'oiseau utilise de diverses façons.

BEC CROCHU

Les oiseaux n'ont pas de vraies dents, mais le bec du harle huppé renferme une double rangée d'épines orientées vers l'arrière. Avec son bec crochu et ses épines, l'oiseau peut maintenir fermement les poissons humides et glissants dont il se nourrit.

BEC POINTU

L'anhinga est parfois surnommé oiseau serpent car, lorsqu'il nage, on ne voit que son bec, sa tête et son cou. Il plonge sous l'eau pour empaler des poissons sur son bec pointu, avant de les avaler une fois revenu à la surface.

À TOI DE JOUER

TRACES DE PATTES

Quand les oiseaux marchent sur un sol humide, ils laissent des traces de pas. Pour faire un relevé d'empreintes, mélange 1½ tasse de plâtre avec 1 tasse d'eau dans une cuvette jusqu'à obtenir une pâte bien homogène. Fais-la couler sur les empreintes et attends que ton moulage ait durci pour l'enlever et le mettre à l'abri, le temps qu'il sèche.

HISTOIRE DE MOTS

• La moitié des espèces d'oiseaux sont des passereaux (des oiseaux qui peuvent se percher). Le mot **passereau** vient du latin *passerinus*, qui signifie « semblable à un moineau ».
• **Mandibule** vient du latin *mandere*, qui veut dire « mâcher ».

INCROYABLE !

Comme son nom l'indique, le grimpereau d'Europe peut grimper le long des troncs. Il possède trois doigts orientés vers l'avant et un vers l'arrière, chacun étant pourvu de griffes pointues qui lui permettent de s'agripper. Il redescend en s'envolant, et non le long du tronc comme le fait la sittelle torchepot.

ZAPPING

• Quel oiseau est doté d'un bec qui lui permet de filtrer la vase pour n'en retenir que la nourriture ? Réponse pages 8-9.
• Les oiseaux n'ayant pas de dents, comment font-ils donc pour broyer leur nourriture ? → page 13.
• Quel oiseau est capable de nouer des brins d'herbes avec son bec pour fabriquer son nid ? → pages 28-29.

PAS À PAS

Les pieds des oiseaux ont évolué en une grande variété de formes afin de pouvoir assumer différentes fonctions : nager, grimper, se percher, courir, mais également atterrir et s'envoler.

DES PAGAIES IDÉALES

Le canard colvert a des pieds palmés comme tous les canards. La membrane qui sépare les orteils lui permet d'utiliser ses pieds comme des pagaies quand il nage.

DES SEMELLES DE COURSE

Les nandous sont des oiseaux grands et lourds, dotés de pattes puissantes qui leur permettent de se déplacer aisément à terre. Leurs orteils sont renforcés de façon à amortir l'impact du poids de l'oiseau lors de la course.

UNE MAÎTRISE PARFAITE

Si le toucan toco est si célèbre, c'est sans aucun doute à cause de son grand bec. Malgré sa taille (environ 15 cm de long), ce bec est très léger car il est creux. Mais l'intérieur est renforcé par une structure en nids d'abeilles, similaire à celle des os. Le toucan recueille sa nourriture (un fruit, par exemple) avec la pointe de son bec. Il positionne ensuite le fruit correctement dans son bec à l'aide de sa langue, puis rejette sa tête en arrière pour propulser l'aliment au fond de sa gorge. Les toucans ont deux orteils dirigés vers l'avant et deux vers l'arrière. Ils disposent ainsi de points d'ancrage solides quand ils se nourrissent sur les branches.

UNE BONNE PRISE

Le loriquet à nuque noire a deux orteils vers l'avant et deux vers l'arrière. Cela lui permet de s'agripper fermement à une branche tout en tenant sa nourriture.

TWIST AGAIN...

Le gymnogène africain est un rapace aux pattes très particulières, puisqu'elles peuvent être repliées dans tous les sens, ou presque… L'oiseau peut par exemple les orienter de 70° vers l'arrière ou de 30° sur les côtés. Il peut ainsi dénicher des proies dans des endroits clos, comme des creux d'arbre.

MARCHER SUR L'EAU

Les jacanas vivent près des lacs ou dans les marécages. Avec leurs doigts et leurs griffes allongés, ils peuvent marcher sur les feuilles de nénuphars.

OBSERVER LES OISEAUX

L'oiseau qui vole au-dessus de ta tête semble pressé ; sans doute a-t-il une tâche importante à accomplir : recherche t-il des brindilles pour construire son nid ? A-t-il des jeunes à nourrir ? Est-il sur le point de migrer vers des contrées plus chaudes ? Chaque fois que tu observes un oiseau, demande-toi ce qu'il est en train de faire : avec un peu d'habitude, tu comprendras pourquoi il agit de telle ou telle façon et tu en sauras plus sur son mode de vie.

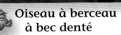
Oiseau à berceau
à bec denté

Oiseau jardinier
de MacGregor

Oiseau satiné
à berceau

Oiseau
doré
à berceau

TENUES D'APPARAT

Les mâles font beaucoup d'efforts pour conquérir une femelle et la convaincre d'ignorer les autres mâles. Comme nous, ils lui font la cour et une de leurs techniques favorites consiste à faire voir leur plumage sous son plus beau jour. Cela s'appelle parader ! Certains mâles ne comptent pas uniquement sur leur apparence pour trouver une femelle. Ils choisissent un territoire puis construisent un nid ou bien, comme l'oiseau doré à berceau, bâtissent une sorte de plate-forme pour parader et séduire une partenaire. Beaucoup de mâles émettent des bruits ou des chants particuliers. Certains offrent des cadeaux, tels les hérons qui apportent à la femelle des brindilles pour le nid. On assiste parfois à de véritables ballets aériens ou à des duos dansés avec la partenaire potentielle. Après l'accouplement, la plupart des partenaires restent ensemble pour couver les œufs et élever les jeunes.

LES ÉTOILES DU SPECTACLE

Les mâles d'oiseaux à berceau sont des architectes et des décorateurs nés. À la saison de la reproduction, ils « montent » une scène sur laquelle ils pourront parader pour séduire une partenaire, en la décorant avec des objets brillants et colorés comme des coquillages, des fruits, des pétales de fleurs, des morceaux de verre. Ils réarrangent en permanence leur « composition » de façon qu'elle soit la plus attirante possible. Après l'accouplement, la femelle construit un nid séparé pour les œufs, sans l'aide du mâle.
Parmi les oiseaux à berceau, les jardiniers bruns sont ceux qui élaborent le berceau le plus sophistiqué, une véritable hutte (ci-dessous).

ALERTE ROUGE
Après avoir construit un nid, le mâle de la grande frégate gonfle sa poche pectorale rouge vif, bat des ailes et appelle les femelles qui tournent autour en glougloutant.

JOUR DE BAL

LA PLUS LONGUE VALSE
Chaque année, les albatros renouent les liens avec la femelle qu'ils ont choisie pour la vie en accomplissant des parades nuptiales complexes, qui peuvent durer des jours entiers et impliquent en général les deux partenaires. Le mâle de l'albatros royal commence par étendre ses ailes imposantes tout en pointant sa tête et son bec vers le ciel. Ensuite, il baisse la tête et marche autour du nid comme un soldat à la parade. Enfin, il redresse sa queue et s'ébroue tel un chien sortant de l'eau.

HISTOIRE DE MOTS

• Quand les oiseaux **lissent** leur plumage, ils nettoient leurs plumes et les enduisent d'huile. **Lisser** vient du latin *lixare*, « repasser ».
• **Territoire** est dérivé du mot latin *territorium*, qui veut dire « le terrain autour de la ville ». *Territorium* est lui-même issu du latin *terra*, « terre ».

INCROYABLE !

• Chez les phalaropes, la femelle a un plumage plus coloré que celui du mâle, qu'elle utilise pour attirer un partenaire. Les mâles s'occupent des petits et leur couleur terne les protège des prédateurs.
• Les albatros choisissent un partenaire pour la vie, tandis que les colibris se séparent définitivement après l'accouplement.

ZAPPING

• Comment les oiseaux font-ils pour entretenir leur plumage ? Réponse pages 14-15.
• Certains mâles chantent pendant la parade. Veux-tu en savoir plus sur les chants d'oiseaux ? → page 53.
• En quoi consiste la parade territoriale de la gélinotte à fraise ? → page 53.
• Quel oiseau mâle se comporte comme un papa poule ? → page 60.

GROS PLAN
EN IMAGES

Photographier ou filmer des animaux dans leur milieu naturel requiert beaucoup de patience, mais les images recueillies permettent aux scientifiques d'étudier le comportement d'espèces qu'ils ne peuvent observer en direct. Quand la photographe Marie Read voulut filmer les manakins à longue queue dans leur lek (le lieu où les mâles se rassemblent pour parader), elle dut se rendre plusieurs fois dans les forêts denses du Costa Rica avant d'obtenir un résultat satisfaisant. Une fois le lek localisé, il faut en effet être là au bon moment, lorsque les mâles effectuent leur parade. Elle ramena finalement des photos magnifiques où l'on voit les mâles sauter comme des grenouilles.

EN ÉVENTAIL
À la saison de la reproduction, les mâles des grandes aigrettes se parent de longues plumes blanches nommées aigrettes sur le dos. Ils les déploient comme un éventail pour séduire les femelles.

BALLET SYNCHRONISÉ
Les grèbes américains présentent de merveilleux numéros de danse à la surface de l'eau. Dès que débute la saison de la reproduction, le mâle et la femelle exécutent un petit ballet en tenant de longues brindilles dans leur bec : c'est la danse des herbes. Au point fort de la cour, ils se redressent dans une pose gracieuse et sillonnent ainsi l'eau avant de plonger. Les mâles rivaux pratiquent également cette danse pour défendre leur territoire.

DANSE ACROBATIQUE
De nombreux rapaces (ici, des aigles pêcheurs africains) réalisent d'incroyables ballets aériens pendant leur parade. Les deux oiseaux peuvent voler à l'unisson en décrivant des cercles, ou en tandem, l'un au-dessus de l'autre. Ils accrochent parfois leurs serres et font la roue comme des acrobates de cirque. Deux mâles rivaux peuvent également s'attacher par leurs pattes quand ils luttent pour un territoire.

Plume | Feuille d'aluminium | Mousse | Ficelle | Brindilles

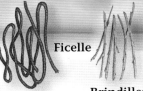

NICHER

As-tu déjà observé un nid en te demandant comment l'oiseau pouvait construire quelque chose d'aussi élaboré ? Les scientifiques pensent que les oiseaux savent d'instinct bâtir leur nid, qu'ils ne l'apprennent pas d'autres oiseaux.

Il existe des centaines de types de nids, le plus commun étant celui en forme de bol fabriqué avec des brindilles ou des brins d'herbe. Mais l'aspect comme le matériau utilisé varient beaucoup d'une espèce à l'autre.

Certains oiseaux creusent un simple trou dans le sable ou constituent un amas de brindilles. Le nid peut être tout petit ou très grand. Il peut contenir diverses trouvailles, comme des cheveux, du papier, des feuilles d'aluminium, des bouts de ficelle, des plumes… Les puffins et les martins-pêcheurs creusent des galeries au fond desquelles ils placent leur nid. Les loriots construisent des paniers profonds qu'ils accrochent aux fourches des arbres. Quelle que soit leur forme, les nids permettent aux oiseaux de garder leurs œufs au chaud et, pour la plupart, de protéger leurs petits des prédateurs.

À TOI DE JOUER

CONSTRUIS UN NID

Les oiseaux sont d'excellents bâtisseurs. Pour apprécier leur étonnante habileté, essaie de construire ton propre nid.

❶ Tu as besoin d'une branche en forme de fourche, de brindilles souples, de brins d'herbe, de feuilles, de racines, de roseaux ou d'autres matériaux qu'un oiseau pourrait employer (boue, ficelle, mousse séchée, cheveux, etc.).

❷ Dispose les brindilles en utilisant la fourche de ta branche comme point de départ. Tu peux débuter par une plate-forme ou bien plier les brindilles pour faire une sorte de bol. À la fin, tu dois obtenir un petit panier.

❸ Continue à entrelacer des brindilles de façon à consolider ton nid. Tapisse-le de mousse ou d'herbe.

MAÎTRE TISSERAND
Chez les tisserins à tête noire, c'est le mâle qui construit le nid, en nouant des brins d'herbe à l'aide de son bec. Il forme ainsi une sorte de panier fermé avec, en bas, un canal d'accès. Une fois son œuvre achevée, il parade devant pour séduire une partenaire. Le mâle s'accouple avec plusieurs femelles (polygynie). Ces dernières nichent en colonies et élèvent les jeunes sans le mâle, mais en collaborant avec les autres femelles pour protéger leur progéniture des prédateurs. Comme les tisserins à tête noire se nourrissent de graines très nutritives, les mâles ne sont pas indispensables à la colonie pour défendre un territoire ou une source de nourriture.

⊞ HISTOIRE DE MOTS

• Certains oiseaux nichent dans des **cavités**, telles que des trous dans les arbres. Cavité vient du latin *cavus*, qui signifie « endroit creux ».

• Certains oiseaux pratiquent la **polygynie** (le mâle s'accouple avec plusieurs femelles). Polygynie vient du grec *poly*, « plusieurs », et *gyne*, « femelle ».

✦ INCROYABLE !

• Si certains oiseaux tropicaux nichent près des nids d'abeilles, c'est peut-être parce qu'elles éloignent les prédateurs.

• Certains oiseaux de proie permettent à de petits oiseaux de venir nicher dans leur nid, sans doute parce que ces derniers les avertissent d'un danger en criant très fort.

⎕ ZAPPING

• Quel oiseau construit une structure qui ressemble à un nid, mais qui ne contient jamais d'œufs ou d'oisillons ? Réponse pages 26-27.

• Comment font les oiseaux de falaise qui ne construisent pas de nid pour que leurs œufs ne tombent pas dans la mer ? → page 30.

• Quel oiseau niche sur les rebords des plus hauts gratte-ciel du monde ? → pages 46-47.

HOME SWEET HOME

FAIT POUR DURER

Certains rapaces construisent de grands nids sur les flancs des montagnes, qui sont parfois utilisés pendant des siècles. Chaque année, les aigles ajoutent des brindilles ou d'autres matériaux de construction.

BIEN CALÉ

Le tangara écarlate d'Amérique du Nord niche dans les arbres, surtout les chênes. Il s'installe à une hauteur variable (de 2 à 20 m) et construit un nid en forme de coupe, idéale pour empêcher les œufs de rouler vers l'extérieur.

AU BORD DE L'EAU

Les hirondelles et les martins-pêcheurs de rivage creusent des terriers sur les berges des rivières pour cacher leurs nids. Ils travaillent au-dessus du niveau de l'eau pour éviter tout risque d'inondation.

ENFOURNÉ

Le fournier roux, qui vit en Amérique du Sud, construit un nid qui ressemble à un ancien four de boulanger. Érigé dans un arbre ou au sommet d'un poteau téléphonique, il est fait de boue, d'herbe et de poils d'animaux. À l'intérieur, les œufs reposent sur un lit d'herbe.

HAUT ET SÛR

Les rousserolles effarvattes construisent leurs nids sur de grands roseaux au-dessus de l'eau pour protéger les œufs des prédateurs. Ces nids sont particulièrement solides afin que les petits soient toujours en sécurité et ne tombent pas, même par grand vent.

AU SEC

L'échasse creuse un trou dans un endroit sec et dégagé, où la végétation est rase. Parfois elle construit un nid en coupe sur un banc de boue, qu'elle rehausse de brindilles si le niveau de l'eau monte.

Calypte d'Anna   Merle migrateur   Quiscale   Poule   Émeu

Histoire d'œufs

Les œufs peuvent sembler sans vie, pourtant leurs coquilles lisses dissimulent des merveilles. Dans chaque œuf fécondé se trouve un embryon, qui donnera plus tard un oiseau. L'embryon dispose là de tout ce qu'il lui faut pour grandir... ou presque, car il a aussi besoin de la chaleur que lui procure la couvaison.

La femelle pond généralement dans un nid. Puis elle ou le mâle – ou chacun tour à tour – maintient les œufs au chaud, en les retournant de temps en temps pour les réchauffer de manière uniforme. Certaines espèces se contentent de laisser leurs œufs sous un monticule de feuilles durant l'incubation.

Le temps d'incubation est variable : de 1 semaine pour les oiseaux de petite taille à 12 semaines pour les plus grands. Parfois, l'oisillon fait du bruit plusieurs jours avant l'éclosion. Pour quitter l'œuf, il perce la coquille et la fendille sur la plus grande courbure.

AU CŒUR DE L'ŒUF

1. L'œuf fécondé renferme l'embryon (le futur oiseau), le vitellus (le jaune) et l'albumen (le blanc). Avant l'éclosion, le petit se nourrit du blanc et du jaune.
2. En utilisant ces réserves, l'embryon produit des déchets qui sont stockés dans une poche spéciale.
3. Peu de temps avant l'éclosion, le poussin occupe presque tout l'intérieur de la coquille.
4. Le bec des oisillons est muni d'une dent spéciale, appelée diamant, qui aide à briser la coquille.

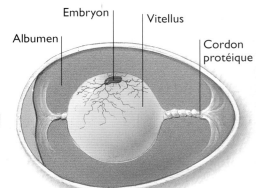

Embryon   Vitellus

Albumen

Cordon protéique

I

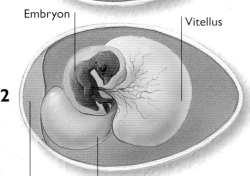

Embryon   Vitellus

2

Poche d'air   Poche de déchets

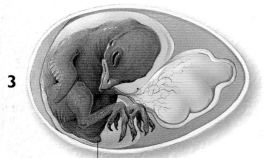

3

Oisillon en croissance

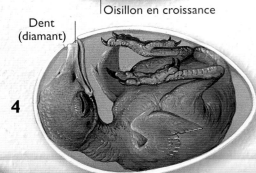

Dent (diamant)

4

À TOI DE JOUER

Camoufle des œufs

Les œufs d'oiseaux sont plutôt ternes pour se fondre dans le paysage et être peu visibles des prédateurs. Essaie donc de peindre des œufs dans des couleurs proches de celles d'un environnement naturel. Tu as besoin d'œufs, d'un pinceau et de peinture à l'eau. Choisis un endroit où un oiseau pourrait construire son nid, des feuilles mortes au pied d'un arbre, par exemple. Peins tes œufs en commençant par appliquer une couleur neutre (marron ou gris). Dessine ensuite des points, des taches ou des stries, en vert, noir ou marron. Place tes œufs dans la végétation et vois s'ils sont faciles à trouver.

LA DIVERSITÉ DES ŒUFS

Les œufs d'oiseaux ont différentes formes, tailles et couleurs. Ces caractéristiques sont essentielles car elles protègent les futurs oisillons des prédateurs en reproduisant le milieu naturel de l'oiseau.

CHAPEAU POINTU

L'une des extrémités de l'œuf du guillemot de Troïl est étroite et pointue. Cette forme empêche l'œuf de tomber des flancs de la falaise où cette espèce niche. En effet, si l'œuf commence à rouler, il tourne sur lui-même et reste donc sur place.

HISTOIRE DE MOTS

• **Incuber** vient du verbe latin *cubare*, qui veut dire « s'allonger » ; *in-* est un préfixe qui signifie « sur ».
• Les oiseaux d'une même couvée qui sont encore au nid forment une **nichée**, terme qui désigne aussi les jeunes enfants d'une même famille.

INCROYABLE !

• Les plus grands œufs d'oiseaux jamais trouvés sont ceux des oiseaux éléphants, une espèce disparue. Leurs œufs pouvaient contenir plus de 8 litres de liquide.
• Aujourd'hui, les plus gros œufs d'oiseaux sont ceux de l'autruche. Ils pourraient contenir 12 à 18 œufs de poule.

ZAPPING

• De quelle façon les nids peuvent-ils protéger les œufs ? Réponse pages 28-29.
• Quel oiseau enterre ses œufs sous un monticule de feuilles pour les maintenir au chaud ? → page 45.
• Quel oiseau mâle couve un œuf unique sur ses pieds ? → page 60.

L'ÉCLOSION

Un oisillon (ici, un pic duveteux) peut mettre plusieurs jours à s'extraire de sa coquille. Le poussin doit d'abord se tourner dans la coquille pour faire face à la grande courbure de l'œuf, puis trouer la poche à air de façon à pouvoir commencer à respirer. Ensuite, il perce la coquille avec sa fausse dent (diamant) et en utilisant la force des muscles de son cou, puis il tourne en cercle dans l'œuf en poussant avec ses pattes, de manière à découper une ouverture régulière. Enfin, il s'extrait de la coquille, en général la tête en avant.

TROMPE-L'ŒUF

Certains coucous pondent parfois leurs œufs dans le nid d'autres oiseaux. Le propriétaire du nid peut ne pas s'en rendre compte et il arrive souvent qu'il élève le jeune coucou comme si de rien n'était.

TROMPE-L'ŒIL

Les sternes pierregarrins pondent leurs œufs directement sur le sol, où ils sont difficiles à repérer parmi les galets car les taches qui les émaillent se confondent avec les dessins des cailloux.

31

  Éclosion d'un
bouvreuil pivoine

 À 6 jours

 À 28 jours

 À 9 mois
(taille adulte)

GRANDIR

Certains oiseaux, dits nidifuges, naissent les yeux ouverts.
C'est le cas des jeunes canards : ils courent et nagent dès
leur naissance et sont déjà recouverts d'un duvet qui sera
remplacé, plus tard, par des plumes adultes.

D'autres oiseaux, tel le bouvreuil pivoine, naissent les yeux
fermés. Chez eux, le nouveau-né reste dans le nid
et le poussin dépend des adultes pour sa nourriture.
Ces oiseaux, dits nidicoles, sont nus à l'éclosion
ou ne sont recouverts que d'un duvet épars.
Le plus souvent, les deux parents prennent soin de leur
progéniture, mais, parfois, seuls les femelles (canards,
par exemple) ou les mâles (phalaropes) élèvent les jeunes.
Chez le geai des broussailles, les parents sont aidés par
les enfants plus âgés. Les pélicans nichent en colonies,
puis regroupent leurs jeunes dans des crèches. Ainsi, tous
les oiseaux adultes protègent les poussins des prédateurs,
même si chaque parent pélican continue de nourrir
sa propre progéniture.

DOUCHE FROIDE

Bien que le bec-en-sabot semble
disgracieux, il est étonnamment adroit
et délicat dans ses gestes. Ses jeunes sont
souvent exposés à la terrible canicule
africaine. L'un des parents prend alors
de l'eau fraîche dans son énorme bec
et arrose sa progéniture. Parfois, aussi,
il protège un petit en lui faisant
de l'ombre avec
son corps
massif.

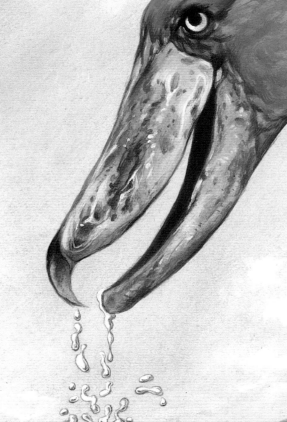

TRANSPORT FLUVIAL

Les parents oiseaux se donnent
beaucoup de mal pour protéger
leurs petits. Bien que le jeune
plongeon imbrin puisse nager peu de
temps après sa naissance, il est encore
incapable de se débrouiller seul.
En cas de danger, ses parents
le prennent sur leur dos.

SELF-SERVICE

Certains jeunes ne peuvent
digérer de la nourriture solide.
Les pélicans adultes
transforment donc la nourriture
en liquide avant de la laisser
s'écouler de leur large bec pour
nourrir leurs petits.

UN SACRÉ COMÉDIEN

Le gravelot sait comment tromper les
prédateurs qui pourraient s'attaquer
à ses petits. Il détourne leur attention
en faisant semblant d'avoir une aile cassée.
L'ennemi croit ainsi avoir une proie facile
et se met à la suivre, s'éloignant
des oisillons. C'est alors
que l'oiseau s'envole...

📖 HISTOIRE DE MOTS

• **Précoce** vient du latin *praecoci*, qui signifie « mûri de bonne heure ». Un poussin précoce peut quitter son nid et se déplacer seul peu de temps après l'éclosion.

• **Pélican** est issu du mot grec *pelekan*, « hache », en raison de la forme du bec.

✦ INCROYABLE !

Au Groenland, les bernaches nonnettes pondent leurs œufs sur les flancs des falaises pour les protéger des renards. Quand ils quittent le nid pour la première fois, les petits se jettent dans le vide et tombent à la mer. Dans leur chute, qui peut se faire sur plusieurs centaines de mètres, ils heurtent parfois des rochers, mais le choc est amorti par leur matelas de plume.

▥ ZAPPING

• Que nous a enseigné un oisillon de la forêt tropicale sud-américaine sur l'évolution des oiseaux ? Réponse page 11.
• Voler est un instinct puissant, mais comment font les oiseaux pour réussir ce que très peu de vertébrés savent faire ?
→ pages 18-19.
• Beaucoup d'oiseaux migrent à l'approche de l'hiver. Comment les jeunes apprennent-ils les routes migratoires ?
→ pages 40-41.

COURS PRÉPARATOIRE

Les jeunes oiseaux doivent posséder beaucoup de qualités pour survivre. Certaines sont instinctives, d'autres apprises, d'autres les deux à la fois.

SE JETER À L'EAU

Les oiseaux d'eau vont à l'eau peu de temps après l'éclosion, pour échapper aux prédateurs qui, souvent, rôdent dans les parages. Nager, comme construire un nid, est quelque chose d'instinctif. Mais les canetons doivent apprendre de leurs parents où trouver de la nourriture et où s'abriter pour échapper aux prédateurs.

VIENS VOLER AVEC MOI

Une fois qu'ils ont quitté le nid, les jeunes méliphages à bande n'y retournent plus. Ils savent voler d'instinct, même s'ils ont besoin d'expérience pour progresser.

FAIS COMME MOI

Les jeunes oiseaux apprennent souvent en regardant et en imitant leurs parents. Les hérons verts de Floride, par exemple, ont appris, par accident, que jeter du pain dans un étang attirait les poissons. Les jeunes ont copié leurs aînés et perpétué cette astuce.

🔍 GROS PLAN

ES-TU MA MAMAN ?

Comment un oisillon sait-il à quelle espèce il appartient ? Pour répondre à cette question, le zoologiste autrichien Konrad Lorenz (1903-1989) a mis à couver des œufs d'oie dans un incubateur. Après l'éclosion, il a lui-même nourri, maintenu au chaud et protégé les petits, se déplaçant comme une oie adulte et imitant ses cris. Il fut rapidement accepté des oisillons, qui le suivaient partout. Lorenz montra ainsi que les poussins apprennent leur propre identité par un phénomène d'empreinte : ils s'attachent à la personne ou à l'animal qui s'occupe d'eux (en général, les parents) et considèrent alors qu'ils appartiennent à la même espèce. Cette expérience ingénieuse ainsi que plusieurs autres valurent le prix Nobel à Lorenz en 1973.

UN APPÉTIT D'OISEAU

« Manger comme un oiseau » signifie manger très peu, picorer quelques aliments dans son assiette. En réalité, les oiseaux sont de gros mangeurs, car ils ont besoin de beaucoup d'énergie pour se réchauffer l'hiver, construire leur nid et, surtout, voler.

Ils ont une alimentation très diversifiée : graines, fruits, plantes, mais aussi animaux (invertébrés, surtout). La taille et la forme du bec et des pattes d'un oiseau varient en fonction de son régime alimentaire.

Avec ses pattes puissantes, la mésange bicolore s'agrippe aux petites branches sur lesquelles elle capture des insectes. Les fauvettes ont un bec mince et allongé qui leur permet d'explorer le feuillage des arbres à la recherche de chenilles. Des insectivores comme les gobe-mouches, martinets, hirondelles et autres engoulevents ont un large bec qu'ils ouvrent tout grand en vol pour attraper des insectes.

À TOI DE JOUER
NOURRIS TES AMIS

Pour fabriquer une mangeoire, tu as besoin d'une bouteille de lait ou de jus de fruits en plastique, vide et propre, d'un bâton bien droit, de ciseaux et de ficelle.

❶ Découpe un carré d'environ 7 cm de côté sur deux faces opposées de la bouteille, à 2 ou 3 cm du fond.

❷ Perce un trou sous chacune de ces ouvertures pour glisser ton bâton et ainsi former le perchoir.

❸ Remplis le fond de la bouteille de graines ou d'asticots jusqu'à l'ouverture. Noue la ficelle autour du goulot de la bouteille et fixe-la à une branche.

CASSE-NOIX
Les calaos rhinocéros de Malaisie et de Thaïlande explorent la forêt à la recherche de fruits et de graines. Ils sont capables de saisir de gros fruits et cassent la coque des noix à l'aide de leur bec puissant.

QUESTION DE MÉTHODE

LA PÊCHE DU JOUR
Les huîtriers pies se nourrissent principalement de coquillages qu'ils trouvent dans la vase ou sur les plages des bords de mer. Ils ouvrent les coquilles des moules et des huîtres avec leur bec, qui ressemble à un ciseau de menuisier, puis coupent le muscle qui maintient la coquille fermée ou bien fracassent le coquillage contre un rocher.

VAMPIRE
Le pic suceur à poitrine rouge creuse des rangées de trous dans des arbres à sève abondante. Non seulement il avale la sève, mais il saisit aussi les insectes attirés par celle-ci, grâce à sa langue recouverte de poils.

• Le suffixe latin *-vore* signifie « manger ». Les oiseaux qui mangent des insectes sont des **insectivores,** tandis que ceux qui se nourrissent de fruits (*frux,* en latin) sont des **frugivores.**
• Les **invertébrés** (de *in-*, « sans », et *vertebratus,* « articulé ») sont des animaux sans colonne vertébrale.

Certains oiseaux et certaines plantes s'entraident pour survivre. Ainsi, les casse-noix de Clark dépendent du pin à écorce blanche pour leur nourriture hivernale. Ils enterrent des milliers de fruits à la fin de l'été, puis les déterrent l'hiver. Les graines enterrées non mangées peuvent germer au printemps, ce qui contribue à la dissémination des pins.

• Les oiseaux n'ont pas de dents pour broyer leurs aliments. Comment la nourriture est-elle transformée dans leur tube digestif ? Réponse page 13.
• Les becs des oiseaux se sont adaptés à différents régimes alimentaires. Comment ? → pages 22-23.
• Certains oiseaux sont carnivores (ils mangent de la viande). Comment capturent-ils leurs proies ? → pages 36-39.

CASSE-GRAINES
Les graines sont la nourriture principale des animaux granivores. Avec son bec puissant en forme de cône, le cordon pourpre n'a aucun mal à ouvrir les graines. Cet oiseau très farouche recherche sa nourriture près du sol, dans les buissons et les arbustes.

PIQUER OU ÊTRE PIQUÉ
Manger une abeille peut être une expérience douloureuse. Le guêpier d'Europe a résolu le problème. Il maintient l'abeille au bout de son bec, lui retire son dard en la frottant contre une branche, puis presse son abdomen pour extraire le venin avant d'avaler l'insecte.

NECTAR DE VIE
Les colibris sont des oiseaux très actifs car, chaque jour, ils doivent avaler leur poids en nectar pour conserver leur énergie. Ils sont capables d'effectuer un vol stationnaire, ce qui leur permet d'insérer leur long bec dans les fleurs en forme de trompette qu'ils visitent. Ils peuvent également reculer en vol et ainsi se retirer de la fleur.

OISEAU-OUTIL
Le pinson-pic des Galápagos se nourrit des larves qui vivent dans le bois. Mais, contrairement au pic, il ne dispose pas d'une longue langue ou d'un bec avec quoi pouvoir capturer ces insectes dans les trous. À la place, il utilise une épine de cactus ou une herbe de forme adéquate pour extraire les larves.

COUP DE MAIN
Lorsqu'il se nourrit, le pic bœuf, un cousin de l'étourneau, rend service à d'autres animaux. En effet, il capture des tiques ou des poux qui vivent sur la peau des girafes, des buffles, des antilopes ou des rhinocéros.

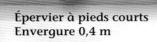
Épervier à pieds courts
Envergure 0,4 m

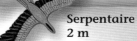
Serpentaire
2 m

Condor
des Andes
3 m

EN CHASSE

Les oiseaux chasseurs les plus efficaces sont les rapaces (aigles, faucons, buses ou chouettes, par exemple). Grâce à leur vue, trois fois plus puissante que celle des humains, ils sont capables de repérer une proie de très loin. Une fois celle-ci localisée, ils la capturent et la tuent à l'aide de leurs griffes acérées, appelées serres. Ils peuvent également briser le cou de leur victime avec leur redoutable bec crochu. Les martins-pêcheurs, les hérons et les cigognes sont moins impressionnants, mais ce sont aussi d'adroits chasseurs. Les cigognes sont particulièrement rapides : elles repèrent leurs proies dans les eaux boueuses et réagissent en une fraction de seconde. Certains oiseaux de mer, comme le grand labbe, chassent d'autres oiseaux de mer, ainsi que les œufs et les poussins d'autres espèces. Les labbes, les pétrels géants et les albatros sont les éboueurs de la mer : ils se nourrissent de carcasses d'animaux morts.

GROS PLAN

LA FAUCONNERIE

Avant l'invention des fusils, la fauconnerie était un type de chasse très populaire. Elle consiste à entraîner des faucons à capturer des proies, puis à les ramener à leur maître, le fauconnier, qui les récompense avec de la nourriture, puis les garde en captivité jusqu'à leur prochaine sortie. Les fauconniers furent en fait les premiers à étudier sérieusement le mode de vie des oiseaux en vue d'améliorer leur technique.

À VOS MARQUES, PLONGEZ !
Le martin-pêcheur d'Europe chasse au bord de l'eau. Dès qu'il repère un poisson, il plonge bec en avant pour le capturer.

ARMES FATALES

Les rapaces sont des chasseurs adroits, qui possèdent différentes techniques pour repérer et capturer leurs proies.

ATTAQUE SURPRISE
Le faucon pygmée africain utilise la vitesse pour surprendre sa proie. Il se perche à la cime d'un arbre mort, d'où il fond sur sa victime. Ce faucon de petite taille (environ 20 cm de long) vit dans les savanes d'Afrique de l'Est, où il niche parfois dans des vieux nids de tisserins.

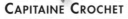

CAPITAINE CROCHET
Le magnifique balbuzard ne chasse que des poissons. Il plonge dans l'eau pattes en avant pour attraper sa proie, puis l'emporte pour la dévorer. Ses serres sont munies d'excroissances épineuses appelées spicules.

HISTOIRE DE MOTS

• Le mot **rapace** est dérivé du latin *raptare*, qui signifie « capturer » ou « porter au loin ».
• **Proie** vient du latin *praeda*, qui veut dire « butin ».
• **Aigle** vient du latin *aquila*, qui a donné **aquilin**. Un nez aquilin est un nez fin et busqué (de courbure convexe), évoquant la forme du bec des aigles.

INCROYABLE !

Les deux vautours qui vivent en Amérique du Nord ont chacun leur technique pour dénicher des carcasses. Le vautour aura utilisé son odorat, tandis que le vautour noir se sert de sa vue. Parfois, le second attend que le premier ait repéré une odeur appétissante pour le suivre ensuite jusqu'à la carcasse.

ZAPPING

• Comment font les grands rapaces qui vivent dans les régions montagneuses pour voler si haut et rester si longtemps en vol ? Réponse page 19.
• Comment font les oiseaux qui chassent la nuit pour repérer leurs proies ?
→ pages 38-39.
• Certains oiseaux de proie, comme le faucon pèlerin, se sont bien adaptés à la vie en ville. Comment ?
→ pages 46-47.

Né pour régner

C'est sans doute à cause de son allure fière que l'aigle pêcheur fut choisi, en 1782, pour devenir l'emblème des États-Unis, contre sa rivale, la dinde sauvage. Il chasse principalement des poissons, mais se nourrit aussi de canards ou de cadavres. Il lui arrive parfois de voler de la nourriture à d'autres oiseaux.

Au voleur !

Le grand labbe s'attaque souvent à des colonies de pingouins pour dérober les poussins ou les œufs. La plupart des labbes n'hésitent pas à chiper de la nourriture aux autres oiseaux en les attaquant directement.

Amateur de cuisses de grenouille

Les ombrettes, qui ressemblent un peu à des cigognes et vivent dans les savanes d'Afrique, se nourrissent essentiellement de grenouilles, même si elles chassent aussi des poissons, des crustacés et de gros insectes. Elles construisent d'énormes nids en boue et en bois dans les fourches des arbres situés près de leur territoire de chasse.

Coups de patte

Le serpentaire des savanes africaines se nourrit de reptiles, notamment de serpents. Du haut de ses longues pattes, il arpente les prairies, à l'affût du moindre mouvement. Comme ses griffes sont petites et émoussées, il tue ses victimes en leur brisant le cou à coups de patte.

Éboueurs des Andes

Le condor des Andes, qui vit dans les Andes (Amérique du Sud), vole sur de grandes distances, à la recherche d'animaux morts, comme les moutons ou les lamas. Contrairement à d'autres espèces, ce rapace est partageur : plusieurs condors peuvent se nourrir sur la même carcasse sans se chamailler.

Guacharo   Aegothèle   Kagou   Perroquet nocturne

OISEAUX DE NUIT

Les nuits sans lune, tu as beaucoup de mal à voir à plus d'un mètre. Grâce à sa puissante vision nocturne, la chouette, elle, peut repérer une souris s'enfuyant dans le sous-bois ; elle est aussi capable d'entendre le moindre de ses pas. Certains oiseaux de nuit, comme le guacharo, se servent de l'écholocation (sens qui analyse l'écho des ultrasons sur les objets) pour trouver leur chemin dans l'obscurité. Pendant leur sommeil, le jour, les chouettes sont protégées par leur plumage terne qui se fond dans l'environnement tandis que le perroquet vert d'Australie se cache dans le feuillage des mangroves. Chasser la nuit présente certains avantages. Les autres oiseaux dorment et ne font donc pas concurrence, de même que les prédateurs sont, pour la plupart, endormis.

COMME UNE BRANCHE

Comme beaucoup d'oiseaux nocturnes, le grand podarge d'Australie est difficile à voir pendant le jour, car, pour peu qu'il n'ouvre pas sa bouche, il se confond aisément avec les branches des arbres.

PEU VISIBLE

L'ibijau a également l'allure d'une branche. Son large bec est entouré de sortes de poils qui forment comme une moustache qu'il utilise pour diriger la nourriture vers sa bouche. Les ibijaus ont un vol en piqué redoutable pour les insectes qu'ils capturent.

GROS PLAN

OREILLE FINE

Pour bien connaître un oiseau, il est indispensable de savoir identifier son chant, surtout si les espèces auxquelles on s'intéresse sont difficiles à voir. De nombreux ornithologues (ici, l'Américaine Rose Ann Rowlett, à qui l'on doit notamment le premier enregistrement de la chouette à crête, un oiseau qui vit au Panamá) sont donc équipés d'un matériel ultrasensible qui leur permet de conserver une trace de ce qu'ils ont entendu. En France, des spécialistes des chants d'oiseaux commercialisent leurs enregistrements sous forme de cassettes ou de CD.

Conduit auditif supérieur (plus haut et plus large)

Narines

Orbite

Conduit auditif inférieur

Champ de vision binoculaire à 70°

CHASSEURS DE LA NUIT

De nombreuses espèces de chouettes ont des oreilles asymétriques, l'une étant plus grande et plus haute que l'autre. Le son parvient aux deux oreilles avec un léger décalage, qui aide la chouette à localiser sa proie avec précision.

Les chouettes ont les yeux situés non pas sur les côtés mais sur le devant de la tête. Leur vision binoculaire (avec les deux yeux en même temps) les aide à mieux évaluer les distances.

Champ de vision à 110°

HISTOIRE DE MOTS

• Avoir une vision binoculaire signifie que l'on utilise les deux yeux en même temps. Ce mot vient du latin *bi*, « deux », et *oculi*, « yeux ».
• Les oiseaux **crépusculaires** sortent quand il y a peu de lumière, à l'aube ou au crépuscule, ou bien quand le soleil a disparu derrière les nuages. *Crepus* veut dire « sombre » et *culus*, « petit ».

INCROYABLE !

• Les chouettes effraies avalent leurs proies entières. Après avoir digéré les parties comestibles, elles rejettent une pelote de réjection qui contient les poils et les os. En disséquant ces pelotes, tu pourras reconstituer le repas d'une chouette.
• Lors de l'un de ses rituels nuptiaux, l'engoulevent d'Amérique pique du ciel en plongée et n'évite le sol qu'au dernier moment.

ZAPPING

• L'homochromie (voir glossaire) aide les oiseaux de nuit à se cacher durant la journée quand ils se reposent. Les oiseaux diurnes utilisent-ils aussi leur plumage pour se camoufler ? Réponse pages 16-17.
• L'emblème de la Nouvelle-Zélande est un oiseau nocturne. Quel est son nom ? → page 20.
• Quel oiseau nocturne hiberne ? → page 61.

LA DAME BLANCHE
Un fantôme passe dans le ciel nocturne… ou plutôt une chouette effraie en quête d'une proie. En vol stationnaire au-dessus de nos têtes, sa poitrine blanche contrastant avec le noir de la nuit, la chouette effraie est une apparition magique. Et, lorsqu'elle émet son cri terrible, on ne peut s'empêcher de frissonner.

ERRANCES CRÉPUSCULAIRES
Bien que le héron bihoreau soit actif le jour, il attend généralement le soir pour quitter son abri et chercher de la nourriture. À ces heures-là, les autres espèces de hérons sont endormies et ne risquent donc pas de lui faire concurrence.

Les chouettes plongent en silence sur leurs proies, car leurs rémiges ont un bord irrégulier qui ralentit le flux de l'air sur les plumes, diminuant ainsi le bruit des oiseaux en vol. Les rémiges de la plupart des oiseaux ont, au contraire, des bords lisses.

Les chouettes chassent principalement des rongeurs. Après avoir localisé une proie, elles fondent sur celle-ci en silence, déploient leurs ailes et empalent la victime à l'aide de leurs serres. Un coup de bec au cou suffit ensuite à l'achever.

Goglu bobolink

Sterne arctique

Colibri roux

Hirondelle de cheminée

GLOBE-TROTTERS

Certains oiseaux ont deux maisons : une pour l'été et une pour l'hiver. En automne, lorsque les jours raccourcissent, ils quittent leurs sites de nidification et migrent vers des contrées plus chaudes, pour trouver une nourriture abondante. Au printemps, ils abandonnent leurs quartiers d'hiver et font le chemin inverse.

Certains oiseaux migrent en groupes, formés d'une ou de plusieurs espèces et comprenant aussi bien des adultes expérimentés que des jeunes de l'année. D'autres, comme le coucou, volent seuls. Les petits oiseaux migrent plutôt la nuit, quand leurs prédateurs dorment et qu'il fait plus frais, le vol étant ainsi moins fatigant. Certaines espèces s'orientent grâce au soleil, à la lune et aux étoiles. D'autres suivent des repères au sol comme les montagnes ou les côtes. Les pigeons migrateurs possèdent un fragment de cristal magnétique à l'intérieur de la tête qui agit comme une boussole en leur indiquant le nord magnétique terrestre.

GROS PLAN

SUIVRE LES MIGRATIONS

Les chercheurs qui étudient les oiseaux des Terres australes antarctiques françaises (TAAF) ont pu reconstituer la migration des albatros en équipant certains oiseaux d'un émetteur (balise Argos) qui envoie des signaux à un récepteur *via* un satellite.

Pour savoir combien d'oiseaux migrent chaque année vers l'Amérique du Nord, Sidney Gauthreaux (photo) utilise des radars très perfectionnés, avec lesquels il peut repérer des oiseaux de petite taille. Grâce à ses travaux, on sait que le nombre d'oiseaux traversant le golfe du Mexique est en diminution, ce qui pourrait indiquer que certaines populations sont moins importantes et nécessitent donc une protection.

• **Migrer** vient du latin *migrare*, qui veut dire « changer de lieu de vie ».

• Les radars suivent un objet en mesurant le temps de retour de l'écho d'une onde radio sur cet objet. **Radar** est l'abréviation de l'expression anglaise *ra(dio) d(etecting) a(nd) r(anging)*.

• Certains oiseaux migrateurs, tels les bécasseaux, ont été vus à plus de 6 400 m d'altitude.

• Un puffin des Anglais capturé en Angleterre, puis relâché aux États-Unis, a réussi à traverser l'océan Atlantique (plus de 5 000 km) en 12 jours pour retrouver sa terre d'origine.

• Qu'est-ce qu'un courant ascendant ? Réponse pages 18-19.
• Certains oiseaux de mer parcourent de longues distances au-dessus des océans ou des mers pour trouver de la nourriture. Comment font-ils ? → pages 48-49.
• Comment fait la mésange montagnarde, qui ne migre pas, pour se protéger du froid ? → page 59.

LECTURE DE SIGNES

SUIVRE SON ÉTOILE

Des expériences menées sur des migrateurs nocturnes montrent que des oiseaux capturés pendant leur migration de printemps dans l'hémisphère Nord, puis placés dans un planétarium, essaient de voler en direction de l'étoile Polaire, où qu'elle soit située dans ce ciel redessiné.

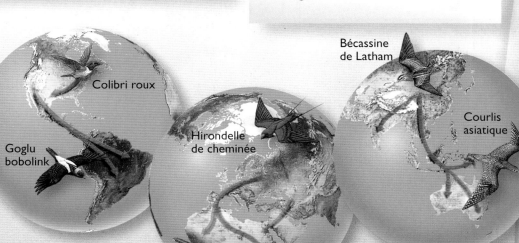

Colibri roux

Goglu bobolink

Hirondelle de cheminée

Coucou européen

Bécassine de Latham

Courlis asiatique

LIGNES AÉRIENNES

Beaucoup d'oiseaux empruntent les mêmes voies migratoires. Ils longent les côtes et les masses continentales, évitant les longues traversées au-dessus des océans ou des hautes montagnes. Les plus grandes migrations sont celles qui vont d'une Amérique à l'autre, de l'Afrique à l'Eurasie et de l'Australie à l'Est asiatique.

PERDRE LA BOUSSOLE

Pour tester la théorie selon laquelle certains oiseaux se serviraient du champ magnétique terrestre, des chercheurs ont fixé de petits aimants sur la tête de pigeons migrateurs. Ils ont constaté que l'aimant désorientait les oiseaux et qu'à l'inverse un morceau de cuivre non aimanté n'avait aucun effet.

SUIVRE SON CHEF

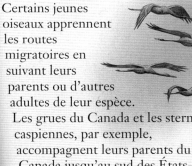

Certains jeunes oiseaux apprennent les routes migratoires en suivant leurs parents ou d'autres adultes de leur espèce. Les grues du Canada et les sternes caspiennes, par exemple, accompagnent leurs parents du Canada jusqu'au sud des États-Unis, s'appelant mutuellement jour et nuit pour maintenir le contact.

VOL EN ESCADRILLE

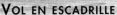

Certains comportements des oiseaux migratoires restent mystérieux. Ainsi, lorsqu'elles migrent entre le Groenland et l'Europe, les bernaches forment un V dans le ciel. Pour certains scientifiques, les ailes de l'oiseau situé en tête créent des turbulences dans l'air, qui engendreraient à leur tour des courants ascendants facilitant le vol des oiseaux qui sont à l'arrière. Pour d'autres scientifiques, ce type de formation permet aux oiseaux de mieux voir devant eux et évite aussi qu'ils ne rentrent les uns dans les autres.

SE REPÉRER AU SOL

Les rivières, les montagnes et les côtes semblent aider les oiseaux à se repérer durant leur migration diurne. La plupart de ces repères sont orientés nord-sud, comme les routes migratoires.

Où VIVENT LES OISEAUX ?

Les oiseaux se sont adaptés à presque tous les milieux : les forêts, les océans, les déserts et même les villes où ils ont appris à se nourrir et à se loger. S'ils parviennent à survivre dans des environnements parfois inhospitaliers, c'est parce que leur morphologie et leur mode de vie correspondent parfaitement aux difficultés qu'ils peuvent rencontrer. Un oiseau du désert, par exemple, saura naturellement où trouver de l'eau et protéger ses œufs du soleil. Tourne vite la page et pars à la découverte des différents milieux conquis par les oiseaux.

Appareil photo   Téléobjectif   Jumelles   Magnétophone   Carnet de notes

SUR LE TERRAIN

Si, après avoir lu ce livre, tu as tout le temps la tête en l'air pour observer des oiseaux, si tu adores te promener dans la nature à la recherche d'espèces que tu n'as encore jamais vues, alors bienvenue au club des ornithologues !

Inspirés par les chants d'oiseaux ou fascinés par les couleurs chatoyantes de leur plumage, ces hommes font un travail d'identification remarquable. Souvent, ils ne se contentent pas d'observer les oiseaux : ils enrichissent leurs connaissances par des croquis, des photos ou des enregistrements.

Tous les ornithologues le savent : les oiseaux ont peur des hommes. Si tu veux pouvoir les admirer dans toute leur splendeur, arme-toi de patience.

LES RÈGLES DU JEU

Tout ornithologue responsable doit respecter certaines règles pour ne pas mettre les oiseaux ou d'autres animaux en danger.

❶ Ne fais pas fuir les oiseaux : maintiens-toi à distance des nids ou des colonies en nidification ; observe-les sans les déranger.

❷ Si tu utilises des enregistrements de chants sur cassettes pour attirer les oiseaux, ne passe pas la bande trop souvent.

❸ Ne manipule pas des oiseaux ou des œufs.

❹ Habille-toi chaudement car les meilleurs moments pour observer les oiseaux sont ceux où ils sont le plus actifs, c'est-à-dire à l'aube et au crépuscule.

GROS PLAN

PROTÉGER LA NATURE

Par leurs travaux et leurs publications, les scientifiques jouent un rôle écologique essentiel. En France, les frères Terrasse ont créé une association, le Fonds d'intervention pour les rapaces (FIR), à l'origine de l'adoption d'une loi de protection des rapaces, prévoyant notamment des mesures visant à préserver leurs aires de nidification. C'est grâce à eux que le vautour fauve fut réintroduit dans les Cévennes.

Aux États-Unis, un livre publié en 1962 par la biologiste américaine Rachel Carson (photo), dans lequel elle signalait que de nombreux oiseaux disparaissaient empoisonnés par des insecticides, a favorisé le vote de lois internationales bannissant l'usage de certains insecticides.

C'EST LA LUTTE...

De nombreuses espèces sont menacées d'extinction. Certaines ne doivent leur survie qu'à la surveillance active des scientifiques et des ornithologues.

MAIN DANS LA MAIN

En 1986, un couple de brèves de Gurney a été repéré en Thaïlande alors que cette espèce n'avait pas été vue depuis 1952. Depuis, 30 nouveaux couples ont été identifiés, et les fermiers participent à la sauvegarde de leur milieu.

HISTOIRE DE MOTS

- **Conservation** vient du mot latin *conservatio*, qui vient lui-même de *conservare*, un verbe signifiant « conserver les choses en l'état ».
- **Éteint** est dérivé du latin *extinctus*, qui veut dire « qui ne brûle plus ».

INCROYABLE !

Autrefois, les pigeons voyageurs obscurcissaient le ciel de l'est de l'Amérique du Nord. Le célèbre peintre d'oiseaux John James Audubon (1785-1851) estima que, certaines heures, près de 300 millions évoluaient au même moment dans le ciel ! Pourtant, cette espèce fut tellement chassée pour sa viande qu'elle disparut en 1914.

ZAPPING

- La Nouvelle-Zélande abrite de nombreux oiseaux rares dont la plupart ne volent pas. Lesquels ? → pages 20-21.
- La forme du bec d'un oiseau est un indicateur de son comportement et de son milieu. Les oiseaux qui vivent au bord de l'eau ont des becs de multiples formes. Peut-on en déduire leur régime alimentaire ? → pages 22-23 et 48-49.
- Veux-tu en savoir plus sur les sociétés ornithologiques ? Réponse page 46.

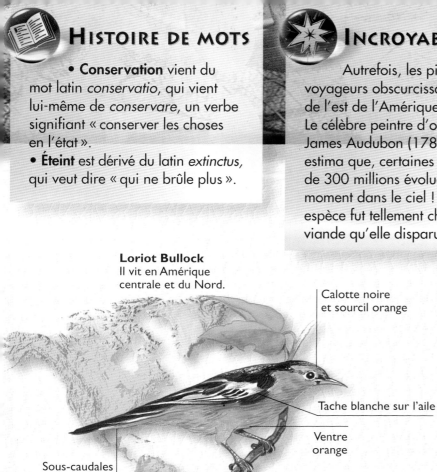

Loriot Bullock
Il vit en Amérique centrale et du Nord.

Calotte noire et sourcil orange

Tache blanche sur l'aile

Ventre orange

Sous-caudales orange

FICHE D'IDENTITÉ

Pour identifier un oiseau, il est utile de connaître sa famille. Par exemple, il existe deux groupes d'oiseaux appelés loriots. Le loriot jaune et le loriot d'Europe appartiennent tous deux à la famille originelle des loriots, dont les membres vivent en Europe et en Asie (Eurasie), en Afrique et en Australie. En revanche, le loriot à nuque orange et le loriot Bullock vivent en Amérique. Ils sont appelés loriots car leurs couleurs et leurs dessins sont similaires à ceux des autres loriots, mais ils font en réalité partie de la famille des merles. Pour trouver le nom d'un oiseau, note ses caractéristiques (les marques sur les ailes, la longueur et la forme du bec ou de la queue, etc.) et le lieu où tu l'as observé. Compare ensuite tes notes avec les données d'un guide d'identification.

Bec marron orangé

Strie noire de l'œil

Ailes noires avec bords jaunes

Corps jaune vif

Loriot d'Europe
Il vit en Eurasie et en Afrique.

Nuque orange

Aile noire avec tache jaune

Corps jaune orangé

Loriot à nuque orange
Il vit au nord de l'Amérique du Sud.

Œil rouge

Loriot jaune
Il vit au sud de la Nouvelle-Guinée et au nord de l'Australie.

Plumage vert-olive avec barres noires sur la tête et la poitrine

Queue noire avec bords olive et bout blanc

LES LEÇONS DU PASSÉ

Le nombre de léipoas ocellés a commencé à chuter quand les fermiers se sont mis à brûler les feuilles mortes pour dégager le sol, empêchant alors cet oiseau d'enfouir ses œufs pour les incuber.

POUR LES GÉNÉRATIONS FUTURES

Le condor de Californie avait presque disparu dans les années 70. Les scientifiques capturèrent des couples afin de les protéger et élevèrent eux-mêmes les jeunes avant de les relâcher dans la nature.

Hirondelle de cheminée

Milan noir

Pie bavarde

Moineau domestique

EN VILLE

Les oiseaux ont mis des millions d'années pour s'adapter à leur environnement. Qu'est-il arrivé lorsque leur milieu naturel a brutalement changé avec le développement des zones urbaines ? Certains n'ont pas réussi à s'acclimater : ils se sont installés ailleurs ou ont disparu. Mais d'autres, comme les moineaux ou les hirondelles de cheminée, qui annoncent l'arrivée du printemps, ont fait de la ville leur nouveau territoire.

Les oiseaux des villes ont appris à tirer avantage des comportements humains. Ainsi, les moineaux et les pies se regroupent dans les parcs et les jardins, où la terre est riche en vers, tandis que les milans noirs et bien d'autres oiseaux se nourrissent des déchets de nos décharges ou poubelles.

Les citadins apprécient généralement la compagnie des oiseaux et leur installent des nichoirs ou des mangeoires. Dans les parcs, des aires spéciales sont aménagées pour que les oiseaux puissent vivre et élever leurs petits en toute sécurité. Ces havres de paix abritent une grande variété d'espèces.

À L'ASSAUT DES VILLES ET DES GRATTE-CIEL

Les villes accueillent un grand nombre d'oiseaux. En France, on peut voir des pigeons, des moineaux et des merles, des choucas ou des chouettes effraies. Les tours de Notre-Dame de Paris abritent même un couple de faucons crécerelles ! Le milieu urbain peut parfois sauver une espèce. Dans les années 1960, des faucons pèlerins furent introduits dans Central Park (New York) et depuis, alors qu'ils étaient menacés de disparition à cause des pesticides, ils ont appris à nicher sur les corniches des gratte-ciel. La présence d'oiseaux dans nos villes peut causer des désagréments : les fientes, de pigeons surtout, sont à l'origine d'une dégradation des monuments.

Moqueur polyglotte

Faucon pèlerin

À TOI DE JOUER

SOLIDARITÉ

Voici quelques conseils pour aider les oiseaux à se sentir chez eux en ville.

– Si tu vois qu'un oiseau a fait son nid dans ta boîte aux lettres ou derrière tes volets, fais ton possible pour qu'il niche en toute tranquillité.

– Installe des nichoirs dans ton jardin ou sur ton balcon. N'oublie pas de les nettoyer en automne.

– Lorsqu'il gèle ou qu'il neige pendant quelques jours, pense à nourrir tes compagnons : donne tes restes de pain aux canards et aux cygnes, et place des flocons d'avoine, de son et des fruits secs dans des mangeoires.

– Si tu vois un jeune tombé du nid, contente-toi de le mettre à l'abri à proximité : les parents viendront sûrement le chercher.

Canards colverts

HISTOIRE DE MOTS

• Le faucon pèlerin est un rapace qui migre de l'Arctique jusqu'à l'Europe du Sud, l'Amérique du Nord et l'Asie. **Pèlerin** vient du latin *peregrinor*, qui signifie « errer, voyager ».

• Le mot **urbain** vient du latin *urbs*, qui veut dire « ville, cité ».

INCROYABLE !

• Selon une légende, la ville de Rome fut sauvée, au début de notre ère, par des oies. Alors que les Goths, venus d'Europe du Nord, allaient attaquer la ville, les oies se mirent à criailler si fort qu'elles alertèrent les soldats romains.

• Le moqueur polyglotte imite à la perfection le chant d'autres oiseaux.

ZAPPING

• Quelle expérience étonnante valut un prix Nobel à Konrad Lorenz en 1973 ? Réponse page 33.

• Veux-tu savoir comment on fabrique une mangeoire ?
→ page 34.

• Quels sont les outils indispensables à l'ornithologue de terrain ?
→ pages 44-45.

COUP DE MAIN

Les villes sont des milieux en principe hostiles aux oiseaux, mais ces derniers y reçoivent souvent l'aide des êtres humains.

Pigeons bisets

Merle migrateur

Grand duc de Virginie

Roselins du Mexique

COUP DE PIOCHE

Les oiseaux de forêt qui sont venus vivre en ville profitent du travail des jardiniers, comme ce rouge-gorge, qui inspecte méticuleusement la terre fraîchement retournée, à la recherche de vers.

COUPS ET BLESSURES

Collision contre une voiture, blessure sur une ligne électrique, attaque de chats..., la ville aussi est dangereuse pour les oiseaux. Chaque jour, des centres de sauvegarde viennent en aide aux volatiles blessés, tel cet aigle, sur le point d'être opéré.

COUP DE FOURCHETTE

Le dendrocygne veuf est un canard timide, mais, dans les parcs de Durban (Afrique du Sud), il s'est habitué aux gens et accepte la nourriture des mains de jeunes enfants.

47

Barge hudsonienne

Tourne-pierre à collier

Échasse à cou noir

Fou à pieds bleus

AU BORD DE LA MER

Tout au long des côtes, on trouve des milieux très attractifs pour les oiseaux : des falaises escarpées, des récifs tropicaux, des îles, des mangroves, des marais… Les pluviers et les bécassines arpentent le bord de l'eau à la recherche d'insectes ou de crustacés enfouis dans le sable ou la vase. Les goélands virevoltent au-dessus de l'eau pour repérer leur nourriture à la surface, tandis que les sternes et les fous de Bassan plongent parfois de très haut pour capturer des poissons. Les cormorans nagent à la surface et plongent de temps à autre jusqu'au fond pour se nourrir. Tous ces oiseaux se sont adaptés à leur environnement aquatique. Avec son long bec incurvé, la barge hudsonienne n'a aucun mal à sonder la vase en quête de nourriture. Comme son nom l'indique, le tourne-pierre retourne les pierres à l'aide de son bec à la recherche de crustacés. Quant à l'échasse aux longues pattes, elle peut patauger dans l'eau tout en restant au sec.

DES ABRIS SÛRS

Les côtes de la Méditerranée sont bordées d'une forêt constituée d'arbres à feuilles persistantes, de bruyère et de plantes aromatiques, qui fournissent autant de sites de nidification. La sterne naine pond sur des plages de galets, parfaits pour dissimuler ses œufs. Les falaises aussi offrent de multiples sites de reproduction. Certaines îles accueillent des colonies importantes de puffins cendrés qui nichent dans les crevasses des rochers.

Fous de Bassan

Sterne naines

GROS PLAN

RETOUR AUX SOURCES

Située au large de l'Écosse, l'île d'Ilsa Craig est le plus vieux site de nidification du fou de Bassan. Avec d'autres chercheurs, Bernard Zonfrillo, de l'université de Glasgow, capture ces oiseaux depuis des années pour leur poser une bague et suivre leurs déplacements. Si certains individus ont été repérés en Méditerranée, à plus de 800 km de là, Zonfrillo a montré que les fous retournaient chaque année sur l'île et nichaient souvent au même endroit.

L'APPEL DU LARGE

VOILIERS DES MERS

Certains oiseaux passent l'essentiel de leur vie en mer. Les phaétons, par exemple, planent au-dessus des océans près de l'équateur. Ces oiseaux tropicaux sont dotés de longues ailes étroites qui en font de très bons voiliers, tandis que leurs courtes pattes, situées très en arrière, expliquent leur maladresse au sol.

LES PÊCHEURS DE L'OCÉAN

Les macareux moines vivent en importantes colonies sur les côtes de l'Atlantique Nord. Ils vont chercher leur nourriture en mer, capturant les poissons près de la surface, puis retournent au nid pour donner à manger à leurs jeunes.

HISTOIRE DE MOTS

• Un animal de la même couleur que son milieu environnant se dissimule par **homochromie**, un mot qui vient du grec *homos*, qui signifie « semblable », et *khrôma*, qui veut dire « couleur ».

• **Cormoran** est issu de l'ancien français *corp*, qui veut dire « corbeau », et *marenc*, qui signifie « marin ».

INCROYABLE !

Le pingouin torda est un oiseau de l'Atlantique Nord qui ressemble au manchot, mais peut voler. Quand il mue, chaque année, il perd toutes ses plumes de vol en même temps. Aussi, pendant 45 jours, le temps que ses nouvelles plumes repoussent, il ne peut plus voler.

ZAPPING

• Quel oiseau vit au-dessus de l'océan presque toute l'année et a l'envergure la plus importante de tous les oiseaux ? Réponse pages 18-19.
• Quel oiseau de mer est un nageur très rapide, mais ne peut pas voler ? → pages 20-21.

Puffins cendrés

Grands gravelots

Avocettes

Courlis d'Europe

Pluviers argentés

Goélands à pattes jaunes

Grands cormorans

« MANCHOTS » DU NORD
Il n'y a pas de manchots dans l'hémisphère Nord : ce petit oiseau de l'Arctique appelé mergule nain appartient au groupe des pingouins et il sait voler.

LES PIRATES DE LA MER
Le pétrel géant, qui vit dans les mers du Sud, est un charognard qui se nourrit de poissons ou d'autres animaux morts. Les oiseaux charognards suivent souvent les chalutiers pour attraper les poissons capturés dans les filets ou se nourrir des déchets rejetés par l'équipage.

Héron pourpre

Jabiru du Sénégal

Spatule rosée

Grue de Mandchourie

OISEAUX D'EAU DOUCE

Étangs, marécages, rivières, ruisseaux, lacs et mares hébergent une grande variété d'oiseaux. Dans les eaux peu profondes, les canards de surface, comme les colverts et les sarcelles, se nourrissent de plantes et de petits animaux aquatiques, tandis que les eaux plus profondes sont le domaine des canards plongeurs et des cygnes. Les bords boueux de ces plans d'eau fournissent aux limicoles quantité de petits animaux. Dotés de longues pattes, les hérons, les aigrettes, les ibis et les cigognes explorent les bords de l'eau tout en restant au sec. Les courlis et les ibis ont un bec incurvé qui leur permet de sonder la vase à la recherche de petits crabes et de vers. Les râles et les butors se dissimulent dans les roseaux pour échapper aux prédateurs alors que les troglodytes, les moineaux et les merles construisent leur nid dans les arbres qui dominent les marécages.

Milans noirs

Petites aigrettes

Oies semi-palmées

GROS PLAN

PROTÉGER LES OISEAUX D'EAU

L'habitat des oiseaux d'eau est fréquemment menacé par le développement des activités humaines (agriculture, construction de routes, tourisme, etc.). De nombreuses zones ont été aménagées pour protéger la faune, la flore et le milieu naturel des littoraux, des embouchures de fleuve, des lacs, des étangs ou des marais. En France, on peut citer Port-Cros, la Grande Brière, les étangs de la Brenne, le parc du Marquenterre ou la Camargue. Aux États-Unis, un parc national fut créé dans les années 1950 dans la région marécageuse des Everglades (au sud de la Floride) en partie grâce à la parution d'un livre de Marjorie Stoneman Douglas (photo), qui dénonçait les ravages occasionnés par la pollution agricole.

SOUS MON AILE
Quand ils pêchent, les hérons noirs commencent par étendre leurs ailes devant eux pour faire de l'ombre. De cette façon, ils attirent les poissons et peuvent mieux les voir.

CULBUTE
La sarcelle cannelle, comme tous les canards de surface, plonge rarement : elle bascule sur elle-même à la verticale pour atteindre les plantes qui se trouvent sous la surface.

HISTOIRE DE MOTS

• En Australie, la cigogne à cou noir est appelée **jabiru**, un nom donné par les Indiens d'Amazonie à une cigogne sud-américaine.

• Les oiseaux qui vivent dans la vase sont dits **limicoles** (du latin *limus*, « fange », et *colere*, « habiter »).

INCROYABLE !

Les anhingas ressemblent à des cormorans et vivent dans les eaux douces d'Amérique, où ils plongent pour attraper des poissons. Leurs plumes emprisonnent l'eau, ce qui facilite leur plongée, mais, quand ils veulent voler, ils doivent sortir de l'eau pour étendre leurs ailes et les faire sécher.

ZAPPING

• Quel oiseau semble courir sur l'eau pendant sa parade nuptiale ? Réponse page 27.

• Quelles techniques les oiseaux utilisent-ils pour capturer les poissons ? → pages 36 et 48-49.

• Comment fait le ganga du Liechtenstein, un oiseau du désert, pour apporter de l'eau à ses petits ? → page 60.

Cigognes à cou noir

Grues Antigone d'Australie

Jacana d'Australie

Tadornes rajahs

KAKADU : ZONE HUMIDE AUSTRALIENNE

Les zones humides sont rares en Australie. Mais la rivière Alligator, située au nord du pays, forme un vaste estuaire dans le parc national de Kakadu (645 000 ha). Ce parc est un paradis pour les oiseaux et les ornithologues. Ses milieux variés (mangroves, plaines et marécages) abritent plus d'un million d'oiseaux d'eau douce. À la saison sèche, de mai à septembre, l'eau disparaît et ne laisse plus que quelques mares.

ET CLAC !

Le bec-en-ciseaux d'Amérique peut voler en maintenant sa mandibule inférieure (plus longue que la supérieure) dans l'eau : lorsqu'il sent un poisson, il referme son bec comme des ciseaux.

EAUX TROUBLES

Le courlan sonde les bords de l'eau de son long bec, à la recherche de nourriture. Il adore les escargots ainsi que d'autres animaux aquatiques, comme les crustacés, les grenouilles, les coquillages, et les insectes.

51

Apalis à collier

Mésange à longue queue

Brève à queue bleue

Gélinotte à fraise

DANS LES BOIS

Même si elles semblent paisibles, les forêts sont aussi peuplées que les rues d'une cité et chaque arbre peut héberger une multitude d'oiseaux, de la base du tronc aux plus hautes branches.

La plupart des arbres d'Europe sont dits caduques : leurs feuilles tombent à l'automne. Quand les nouveaux bourgeons apparaissent, au printemps, les oiseaux migrateurs reviennent pour profiter d'une nourriture abondante, tout comme les rapaces forestiers qui savent que leurs proies sont alors présentes en grand nombre. C'est également au printemps et en été que les oiseaux nichent et élèvent leurs jeunes. À l'automne, avant que les arbres ne se dépouillent, les oiseaux se gavent pour reconstituer les réserves de graisse dont ils auront besoin pour effectuer leur long voyage vers les régions chaudes. Mais tous les oiseaux forestiers ne sont pas des migrateurs et, pour ceux qui restent, la nourriture se fait rare l'hiver venu. C'est pourquoi les oiseaux se nourrissent parfois en commun, par petits groupes, chacun explorant une partie différente de l'arbre.

Rouge-gorge

À TOI DE JOUER

SORTIE ORNITHOLOGIQUE

Les oiseaux adorent les arbres, car ils peuvent tout à la fois s'y cacher, s'y loger et s'y nourrir, mais ils ne sont pas toujours faciles à observer car leur coloration les dissimule dans la végétation. Souvent, le premier indice de présence d'un oiseau est son chant.

Tu peux participer à une sortie ornithologique et profiter ainsi des conseils d'un spécialiste, ou organiser toi-même une petite expédition. Emporte des jumelles, un carnet, un stylo et un guide d'identification (il te donne les caractéristiques de la morphologie, du milieu et du comportement de chaque espèce). Avant de partir, établis une liste des oiseaux qui vivent dans la région que tu vas explorer car ces informations t'aideront à repérer plus vite les oiseaux. Quand tu en vois un, dessine-le rapidement ou écris dans ton carnet ses caractéristiques (forme, couleurs, comportement) pour les comparer aux données de ton guide d'identification.

Bécasse des bois

HISTOIRE DE MOTS

• Un **protonotaire** est un personnage important de l'Église catholique romaine. Le mâle de la fauvette protonotaire a un plumage jaune-orange qui évoque la robe de cérémonie de ce dignitaire.

• **Caduque** vient du latin *cadere*, « tomber ». Les feuilles d'un arbre caduque tombent à l'automne.

INCROYABLE !

La gélinotte à fraise effectue une parade territoriale unique. Le mâle grimpe sur une bûche creuse et frappe ses ailes contre sa poitrine, comme Tarzan. Cela produit un son grave, semblable à un roulement de tambour et amplifié par la souche. En résonnant dans la forêt, ce son informe les autres gélinottes mâles que le territoire est déjà occupé.

ZAPPING

• L'épervier d'Europe est un rapace. Veux-tu en savoir plus sur les oiseaux de proie ? Réponse pages 36-37 et 38-39.

• Le merle et le pigeon biset sont des oiseaux forestiers qui peuvent vivre en ville. Comment certains oiseaux se sont-ils adaptés à nos cités ? → pages 46-47.

CHANTS DE VIE

Les chants et les cris d'oiseaux que l'on entend dans la forêt sont des messages : les oiseaux signalent ainsi un danger à leurs congénères, défendent leur territoire ou bien se font la cour.

MÉLODIE AQUATIQUE

Les rivières arborées du sud de l'Amérique du Nord résonnent du « sweet-sweet-sweet » de la fauvette protonotaire.

ORCHESTRE DE FLÛTES

Le mâle de la grive-rossignol commence son chant par une note claire et aiguë. Il poursuit par des gammes ascendantes et descendantes qui sonnent comme une flûte. Quand ils migrent, ces oiseaux utilisent leur chant pour rester groupés.

SÉRÉNADES

À la nuit tombée, le rossignol chante pour marquer son territoire et charmer une femelle. Son chant mélodieux a inspiré de nombreux poèmes d'amour.

SONNERIE D'ALARME

Un chœur de « twit-twit-twit » résonnant dans la forêt peut indiquer la présence d'un groupe de sittelles torchepots, des oiseaux agiles qui montent et descendent le long des arbres et s'avertissent mutuellement en cas de danger.

Troglodytes

Grives draines

Épervier d'Europe

Mésange bleue

À CHACUN SON ÉTAGE

Une forêt est un peu comme un immeuble. Les oiseaux vivent à différents étages. Les grives et les bécasses fourragent le sol, tandis que les troglodytes cherchent des insectes dans les sous-bois. Les mésanges bleues vivent plutôt à la cime des arbres, alors que les merles préfèrent les branches intermédiaires. Quant à l'épervier d'Europe, il virevolte entre les arbres avec beaucoup d'aisance pour attraper les petits oiseaux dont il se nourrit.

Grand tinamou   Caurale soleil   Hoatzin   Coq de roche

LA FORÊT TROPICALE

Les forêts tropicales d'Amérique du Sud, du sud de l'Asie, de l'ouest de l'Afrique ou du nord de l'Australie hébergent des espèces d'oiseaux qu'aucun homme n'a jamais vues. Près de la moitié des animaux de la planète vivent là, au milieu d'arbres luxuriants qui s'élèvent jusqu'à 60 m du sol.

Les rapaces planent tout en haut, au-delà de la canopée, ou partie supérieure des arbres, tandis que le feuillage dense et tacheté de lumière du sous-bois accueille des oiseaux brillamment colorés, comme le trogon d'Amérique du Sud, qui se nourrit de fruits et d'insectes. Le soleil atteint rarement les buissons et la couche de feuilles mortes qui tapissent le sol de la forêt, où bourdonnent des milliers d'insectes faisant le régal de nombreuses espèces, tels les tinamous. Les ruisseaux et les rivières sont le domaine des oiseaux piscivores (qui mangent des poissons), comme le caurale soleil.

UNE MAISON DANS LES ARBRES

Un grand nombre d'oiseaux tropicaux, comme la harpie féroce, vivent à la cime des arbres, dans la canopée des forêts tropicales d'Amérique du Sud ou centrale. C'est un lieu où la chaleur, la lumière et la nourriture sont abondantes. D'autres oiseaux, tels les araçaris, les tamatias, les becs-en-faucille ou les trogons, évoluent au milieu des arbres. Certains sont hauts en couleur, mais peuvent être difficiles à repérer dans le feuillage percé de rayons de soleil. Les perroquets, comme le ara hyacinthe, sont sans doute les oiseaux les plus connus de la forêt tropicale.

Ara hyacinthe

GROS PLAN
LE SPÉCIALISTE DES CHANTS D'OISEAUX

À force d'enregistrer des oiseaux partout dans le monde, Ted Parker (1953-1993) a appris à reconnaître les chants de plus de 4 000 espèces, ce qui est unique dans l'histoire de l'ornithologie. Mais ce scientifique est surtout connu pour ses travaux sur la forêt et les montagnes d'Amérique du Sud, une zone géographique qui représente un sixième des terres émergées de la planète et qui abrite plus du tiers des espèces d'oiseaux existantes. Parker a ainsi découvert de nouvelles espèces et attiré l'attention sur la destruction des milieux naturels et ses conséquences pour la faune sauvage.

Chaque jour, 87 000 ha de forêt tropicale sont détruits dans le monde, soit à peu près la taille d'une ville comme New York. Quand la forêt disparaît, les animaux perdent leur habitat et sont alors menacés d'extinction. La forêt tropicale est si dense que certaines espèces disparaissent probablement avant même que nous ayons pu les découvrir. Pour tenter d'enrayer ce processus dramatique, certains pays ont créé des réserves qui sauveront peut-être certains oiseaux tropicaux.

L'APPEL DE LA FORÊT

PEAU DE CHAGRIN
Le plus grand des touracos, le timide grand touraco bleu, vit en Afrique centrale et de l'Ouest. La forêt tropicale où il vit a été décimée pour exploiter le bois et créer des fermes afin de nourrir le milliard d'habitants de l'Afrique.

HISTOIRE DE MOTS

• Si le terme **jungle** évoque une forêt dense et luxuriante, ce mot vient du sanscrit *jangala*, qui signifie « désert ».

• **Hoatzin** est issu du nahuatl, la langue parlée par les Aztèques, qui a aussi donné *coyote* et *chocolat*.

• La **canopée** (du grec *konopeion*, « filet à moustiques ») est le toit de la forêt.

INCROYABLE !

• Lors de sa parade, le coq de roche ferme les yeux et étend sa crête vers l'avant, de façon qu'elle recouvre son bec.

• Si le bec-en-faucille ressemble à un colibri à cause de la courbure de son bec, il est incapable de faire du sur-place en volant et doit escalader les fleurs pour se nourrir de leur nectar.

ZAPPING

• À quoi ressemble un jeune hoatzin ? Réponse page 11.

• Les oiseaux de paradis sont parmi les plus colorés du monde. Ils vivent dans les forêts tropicales de Nouvelle-Guinée et du nord de l'Australie. Veux-tu mieux les connaître ? → pages 16-17.

• Quel oiseau de la forêt tropicale d'Amérique du Sud est célèbre pour son très grand bec ? → pages 22-23.

Araçari

Tamatia

Harpie féroce

Bec-en-faucille

Trogon à tête bleue

SURVIVANT

Le pseudo-souimanga caronculé est l'un des rares oiseaux qui peut survivre à la déforestation, car il s'adapte à la nouvelle végétation qui succède à la forêt.

MENACÉ

Le loricule à calotte bleue vit en Malaisie, à Sumatra et à Bornéo, dans des forêts qui ont plus de 70 millions d'années d'âge. Si ces milieux disparaissent, ils ne pourront jamais être reconstitués.

PROTÉGÉ

Le casoar à casque, un oiseau qui ne vole pas, vit dans les forêts de Nouvelle-Guinée et du nord de l'Australie. En Australie, son milieu est classé « héritage mondial » par l'Unesco, ce qui permet de le protéger.

55

Fournier roux   Étourneau rose   Cupidon des prairies   Petite outarde africaine

OISEAUX DES PRAIRIES

Selon la région du monde où elles se trouvent, les prairies portent des noms différents : savanes, pampas ou steppes. Il peut s'agir de milieux très rudes, quand le climat est trop sec et le sol trop pauvre pour que les arbres puissent pousser.

Dans la savane africaine, les autruches et les outardes se nourrissent de plantes et d'insectes. Les vautours tournent dans le ciel, attendant que les lions abandonnent leur proie. D'autres oiseaux, dont les gangas et les pinsons, picorent les graines des herbes. En Amérique du Sud, l'immense pampa abrite le fournier roux et son étrange nid de boue. En Amérique du Nord et en Europe, les prairies sauvages sont rares, car les terres sont cultivées. Certains oiseaux, comme le cupidon des prairies, ont appris à survivre en se nourrissant des graines de champs cultivés, ce qui leur vaut d'être chassés par les fermiers. Les étendues froides des steppes de Russie n'effraient pas l'étourneau rose, qui mange presque tout ce qu'il trouve et qui, faute d'arbres, niche dans des creux de rochers.

SUIVEZ LE GUIDE

Les animaux doivent être pleins de ressources pour survivre aux rudes conditions de la savane africaine. Le grand indicateur mange des insectes, comme beaucoup d'oiseaux, mais aussi de la cire d'abeille. Pour l'obtenir, il guide d'abord une mangouste, un blaireau ou même une personne vers la ruche en attirant leur attention par son caquetage et son vol, puis il attend que le nid d'abeilles soit ouvert pour se saisir de morceaux de cire.

Merle métallique superbe

Grues couronnées

À TOI DE JOUER

CONSTRUIS TON AFFÛT

Les oiseaux s'approcheront de toi seulement s'ils pensent que tu n'es pas là. Dans un milieu ouvert, comme une prairie, l'idéal est de construire un affût. Apporte un peu d'eau, de la nourriture et de quoi te couvrir. Et sois patient : il faudra peut-être des heures avant que tu puisses observer quelque chose d'intéressant !

❶ Tu as besoin de 4 piquets de 2 m de long, d'un grand tissu sombre de la taille d'un drap et d'épingles à nourrice.

❷ Installe tes piquets de façon qu'ils forment une tente d'Indien en les liant au sommet avec une cordelette.

❸ Recouvre les piquets avec le drap et fixe celui-ci avec les épingles.

❹ Replie le drap pour faire l'entrée et, sur le côté opposé, découpe une petite fenêtre d'observation au niveau des yeux.

◫ HISTOIRE DE MOTS

• Le mot **savane** vient de *zabana*, qui signifie « prairie » en taino. Cette langue disparue était parlée par les Arawaks, un peuple des îles Caraïbes.
• Le fournier roux construit un nid qui ressemble à un four à pain, d'où le nom de cet oiseau (**roux** vient du mot latin *rufus*, « rouge »).

✦ INCROYABLE !

• Dans les plaines africaines, les travailleurs à bec rouge se rassemblent par dizaines de millions pour manger des graines : ils peuvent détruire la récolte d'une ferme en une journée.
• Les chouettes des terriers d'Amérique du Nord et du Sud nichent sous terre dans de vieux terriers de mammifères.

⊞ ZAPPING

• Veux-tu en savoir plus sur les oiseaux des savanes qui ne volent pas, comme les nandous ? Réponse pages 20-21.
• À quoi ressemble l'étrange nid de boue du fournier roux ? → page 29.
• Quel oiseau des savanes saute sur le dos des antilopes, des girafes, des buffles et des rhinocéros quand il veut se nourrir ? → page 35.

UN BEC ADAPTÉ

Chez la plupart des oiseaux granivores, le bec a la forme d'un cône et est plutôt court et large, ce qui leur permet d'exercer une forte pression sur la graine pour l'ouvrir. Les prairies d'Amérique du Sud hébergent un grand nombre d'oiseaux granivores.

Veuve de paradis

Grand indicateur

Autruches

Pintade casquée

Le bec du sporophile à double collier est parfaitement adapté à l'ouverture d'une grande variété de graines grâce à la forme particulière de sa mandibule supérieure.

Le grand pinson de la pampa a un bec large et incurvé qui s'ajuste bien aux grosses graines des hautes herbes qui poussent dans la pampa argentine.

Le bec de l'étonnant cardinal gris est capable d'ouvrir un grand nombre de graines. Cet oiseau se nourrit en couple ou en petits groupes.

Drymode roux

Mésange montagnarde

Pinson des neiges

Accenteur alpin

EN ALTITUDE

Chaque continent a ses hautes montagnes : Rocheuses, Appalaches et Andes en Amérique ; Alpes, Pyrénées et Oural en Europe ; chaîne de l'Himalaya en Asie.

À basse altitude, les forêts dominent et beaucoup d'oiseaux se nourrissent des graines de conifères (pins, mélèzes, épicéas…). Les mésanges montagnardes et les accenteurs alpins passent les mois les plus froids dans la forêt et montent au-dessus de la limite des arbres quand il fait meilleur. Les buissons et les conifères des prairies, même épars, fournissent toute l'année des abris aux pinsons des neiges. Avec l'altitude, des blocs de rochers puis des massifs aux parois vertigineuses succèdent aux prairies. Le drymode roux construit son nid dans les crevasses et, plus haut encore, le condor des Andes évolue sur un vaste territoire battu par les vents, planant des heures durant pour trouver une carcasse.

Énicure tacheté

GROS PLAN

CLARK ET LEWIS

En 1804, le président des États-Unis Thomas Jefferson organisa une expédition pour trouver une route terrestre entre le Mississippi et l'océan Pacifique. Meriwether Lewis et William Clark, qui conduisaient l'expédition, furent guidés par un jeune Indien shoshoni du nom de Sacagawea. Deux ans plus tard, l'équipe revint avec des récits d'aventures extraordinaires et des descriptions d'oiseaux de montagne inconnus des colons. Lewis était un observateur minutieux et il ramena de nombreux dessins d'oiseaux. Deux espèces furent baptisées du nom des explorateurs : le casse-noix de Clark et le pic de Lewis.

AU BAS DES MONTAGNES

Dans les zones tempérées, le pied des montagnes est couvert de forêts de conifères.
Le jaseur du Japon, un oiseau d'Asie du Nord, vient chaque été s'y nourrir de fruits.

Le geai de Steller vit dans les montagnes Rocheuses, où il fait beaucoup de bruit, tantôt poussant des cris d'aigle, tantôt chantant merveilleusement bien. Il adore chiper de la nourriture sur les aires de pique-nique.

HISTOIRE DE MOTS

• Le mot **condor** vient du quechua *kuntur*. Le quechua est la langue des Indiens qui vivent dans les Andes sud-américaines.
• Grâce à un organe particulier, le syrinx, situé à l'entrée de sa trachée, le mainate religieux est capable d'imiter la voix humaine. **Mainate** vient du mot hindi *maina*, qui est l'ancien nom de cet oiseau.

INCROYABLE !

La mésange montagnarde survit à des chutes brutales de la température à haute altitude, en laissant baisser sa température corporelle jusqu'à 10 °C. Elle peut alors ralentir son métabolisme, sa respiration et sa fréquence cardiaque pour entrer en léthargie, un état proche de l'hibernation.

ZAPPING

• Quel oiseau de proie plane au-dessus de l'Himalaya ? Réponse page 9.
• Quelles sortes de nids les oiseaux construisent-ils sur les flancs des montagnes ? → page 29.
• On trouve des forêts de conifères sur toutes les montagnes de l'hémisphère Nord. Quel type de forêt trouve-t-on près de l'équateur et comment les oiseaux vivent-ils dans ce milieu ? → pages 54-55.

Pie à bec rouge

Mainate religieux

Merles bleus siffleurs

Tichodrome

Lophophores resplendissants

SUR L'HIMALAYA

De nombreux oiseaux, comme le merle bleu siffleur, le tichodrome, la pie à bec rouge, le mainate religieux et l'énicure tacheté, vivent sur les plus hautes montagnes du monde, celles de l'Himalaya. Le lophophore resplendissant évolue dans les forêts et les prairies de moyenne montagne. Il utilise son bec incurvé pour déterrer des racines, des bulbes ou des larves d'insectes sous la couche de neige. Lorsqu'il est menacé, il détale la pente en battant des ailes pour prendre de la vitesse. Une fois le danger passé, il revient prudemment pour continuer son repas.

Les grimpereaux escaladent les troncs d'arbres, évoluant en spirale, pour picorer l'écorce à la recherche d'insectes et de larves.
Une fois au sommet, ils volent jusqu'à la base du tronc suivant et recommencent.

Le bec-croisé rouge est doté d'un bec dont les pointes des mandibules se croisent.
Il peut ainsi écarter les écailles des pommes de pin pour en saisir les graines, quand d'autres doivent se contenter d'attendre l'ouverture naturelle des cônes.

59

DÉSERTS ET PÔLES

Les milieux les plus rudes sont les déserts torrides et les régions glacées de l'Arctique et de l'Antarctique (pôles Nord et Sud). Très peu de plantes ou d'animaux peuvent survivre dans ces environnements hostiles. Parmi les habitants du désert, le mâle ganga du Liechtenstein se sert de ses plumes pectorales comme d'une éponge : il se pose sur l'eau qu'il peut trouver et imbibe ses plumes, puis repart rafraîchir ses petits. L'outarde houbara tire l'eau dont elle a besoin des plantes et des insectes dont elle se nourrit. Les buses de Harris nichent au milieu des épines de cactus et s'entraident en chassant par groupes. L'éphthianure du désert n'élève aucun jeune quand les conditions sont trop difficiles. Dans les régions polaires, la plupart des oiseaux ne sont présents qu'en été, quand le climat est plus clément et qu'il y a plus de nourriture. Mais certains manchots sont si bien adaptés à la vie en Antarctique qu'on les y trouve toute l'année.

PRÉCIEUX CACTUS

Les cactus sont des plantes couvertes d'épines que les gens évitent de toucher. Mais, dans les déserts d'Amérique du Nord, les oiseaux utilisent ces plantes pour survivre. La mésange dorée explore les branches de cactus pour y dénicher des insectes. Le pic de Gila creuse deux sortes de trous dans les cactus, l'un pour capturer des insectes, l'autre pour nicher, et la chouette elfe utilise les trous abandonnés par ce pic pour nicher ou s'abriter. Le colin de Gambel, quant à lui, vit parmi les cactus, se nourrissant principalement de graines et parfois d'insectes.

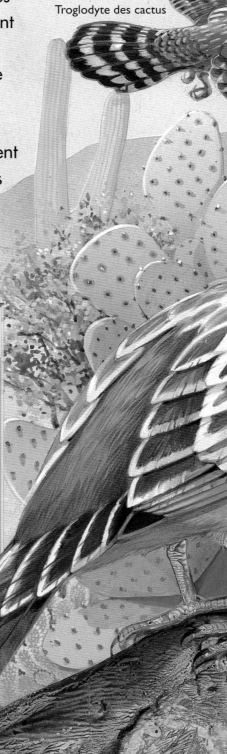

Troglodyte des cactus

GROS PLAN

PAPA POULE

Comme le manchot empereur vit en Antarctique, on savait peu de chose sur son comportement de nidification jusqu'au début des années 1900. Durant l'hiver 1911, les explorateurs Edward Wilson, Aspley Cherry-Garrard et Henri Bowers firent l'ascension de la grande barrière de Ross. Au cours de leur expédition, ils découvrirent une colonie de plusieurs centaines de mâles manchots empereurs. Chaque manchot gardait un seul grand œuf sur ses pieds. L'œuf était recouvert par un repli de peau qui le maintenait au chaud, même quand la température extérieure était de − 60 °C. Plus tard, on su qu'après avoir pondu ses œufs la femelle passait l'hiver en mer, laissant au mâle la tâche d'incuber l'œuf et revenant plus tard pour l'aider à élever le jeune.

• Les **toundras** sont les vastes plaines sans arbres qui entourent l'Arctique. Ce terme vient d'un mot russe qui signifie « plaine marécageuse ».

• **Arctique** vient du mot grec *arktikos*, qui signifie « ours ». La constellation appelée Grande Ourse peut se voir au-dessus de l'Arctique.

• L'engoulevent de Nuttall, qui vit en Amérique du Nord, hiberne pendant de longues périodes durant l'hiver ; il dort si profondément qu'il ne se réveille pas quand on le touche.

• Lorsqu'elle s'enfonce dans la neige pour dormir, la perdrix des neiges ne laisse aucune trace pouvant la signaler aux prédateurs.

• Le golfe Persique au Moyen-Orient est bordé de déserts. Un oiseau a trouvé un moyen astucieux pour rafraîchir ses œufs. Lequel ? Réponse page 9.
• Quel oiseau de mer attaque les colonies de manchots pour dévorer leurs œufs ? → page 37.

Chouette elfe

Mésange dorée

Pic de Gila

Coureur de routes

Colins de Gambel

DANS LA TOUNDRA

Certains oiseaux vivent toute l'année dans les plaines de la toundra, mais la plupart n'y viennent que l'été.

GARDE-ROBE DE SAISON

La perdrix des neiges, ou lagopède, vit toute l'année dans la toundra. Durant l'été, son plumage, de couleur marron, se confond avec les rochers et les lichens, tandis qu'à l'automne la perdrix mue et devient blanche comme neige.

UN BON PÈRE

Le phalarope à cou rouge vit en Arctique pendant les mois d'été. La femelle est plus colorée que le mâle et c'est elle qui prend l'initiative pendant la parade nuptiale. Le mâle, lui, incube les œufs et s'occupe des jeunes.

CHASSERESSE

La chouette des neiges peut tuer jusqu'à 10 lemmings par jour. Quand la nourriture est abondante, les femelles élèvent de nombreux jeunes, mais dès qu'elle se fait rare, elles ne pondent plus.

UN MIGRANT ESTIVAL

En été, le bruant lapon migre vers la toundra pour nicher. Comme il y a peu d'arbres, le mâle se place en hauteur sur un rocher pour parader ou défendre son territoire.

Bec   Couvée   Crête   Parade   Diamant

GLOSSAIRE

Adaptation Particularité d'une plante ou d'un animal qui lui permet de vivre et de se reproduire plus efficacement dans un milieu donné.

Barbes Éléments de la plume qui sont fixés sur le radius central.

Barbules Éléments de la plume qui partent des barbes et présentent des crochets.

Bec Étui corné qui recouvre les mandibules d'un oiseau. Le bec est composé de deux parties : le maxillaire et la mandibule.

Caduque Se dit d'un arbre qui perd ses feuilles, en général à l'automne. Le hêtre et le chêne sont des arbres à feuilles caduques.

Chant Son ou succession de sons émis par un oiseau pour marquer son territoire ou attirer un partenaire. Les chants d'oiseaux peuvent être simples ou complexes. Certains sont très mélodieux.

Charognard Oiseau ou autre animal qui se nourrit d'animaux morts. Les vautours sont des oiseaux charognards. Synonyme : nécrophage.

Charogne Corps d'un animal mort qui est mangé par d'autres animaux. Les animaux qui se nourrissent de cadavres sont des charognards, ou nécrophages.

Classe Un des nombreux regroupements opérés par les biologistes pour classer les êtres vivants. Les oiseaux forment une classe à eux seuls : la classe des oiseaux, ou aves.

Conifère Se dit d'un arbre qui produit des cônes (pommes de pin) et qui porte des aiguilles persistantes. Le sapin et le cèdre sont des conifères.

Conservation Action de protéger une aire naturelle afin que les plantes et les animaux qui y vivent ne soit plus menacés par le développement humain.

Couvée Ensemble des œufs couvés par un oiseau.

Crépusculaire Qui est actif à l'aube ou au crépuscule, quand la luminosité est faible.

Crête Groupe de plumes dressées sur la tête d'un oiseau.

Diamant Dépôt de calcium en forme de dent situé sur la mandibule supérieure du bec de l'oisillon lorsqu'il est encore dans l'œuf. Le jeune l'utilise pour briser la coquille à l'éclosion.

Distribution Aire de répartition d'une espèce.

Diurne Qui est actif durant le jour.

Éclore Briser et quitter la coquille.

Écosystème Ensemble des relations équilibrées entre les plantes, les animaux et leur milieu dans un environnement particulier.

Empreinte Processus qui permet aux poussins ou à d'autres jeunes animaux de s'attacher et de s'identifier à l'image parentale.

Endémique Se dit d'une espèce qui ne se trouve que dans une région bien précise. Les manchots sont endémiques aux eaux froides de l'Antarctique.

Espèce Groupe d'animaux ou de plantes, qui partagent des caractéristiques communes les distinguant d'autres animaux ou plantes.

Éteint Qui a disparu, qui n'existe plus sur terre.

Évolution Ensemble des modifications d'une espèce ou d'un groupe pour s'adapter à son milieu.

Homochromie Phénomène selon lequel les dessins du plumage d'un oiseau et sa coloration se confondent avec l'environnement, rendant l'animal difficile à voir pour un prédateur. Ne pas confondre avec mimétisme : qui imite un autre animal ou une plante.

Incubation Fait de maintenir les œufs au chaud, de façon que les embryons se développent jusqu'à l'éclosion. Les oiseaux utilisent le plus souvent leur propre corps pour réchauffer les œufs, mais certains se servent du sable ou de plantes en décomposition.

Instinct Comportement inné d'un animal, ne découlant pas d'un apprentissage. Les canetons savent nager par instinct, sans l'avoir appris de leurs parents.

Invertébrés Animaux qui n'ont pas de colonne vertébrale. Les vers, les crabes ou les éponges sont des invertébrés.

Iridescent Qui montre différentes couleurs en fonction de l'angle de la lumière, comme sur une bulle de savon ou sur une nappe d'essence dans de l'eau de mer. Certains oiseaux ont un plumage iridescent.

Juvénile Jeune oiseau. Certains juvéniles peuvent être très différents des adultes de la même espèce.

Limicoles Oiseaux qui vivent au bord de l'eau, généralement dotés d'un long bec et de grandes pattes.

Mandibule Partie inférieure du bec, souvent légèrement plus petite que la partie supérieure. On parle souvent de mandibule pour désigner la partie supérieure du bec, mais le terme maxillaire est plus précis.

Maxillaire Partie supérieure du bec, en général un peu plus grande que la partie inférieure.

Plume   Oisillons   Invertébrés   Juvénile

Mue   Nid   Prédateur   Rachis

Migration Déplacement des oiseaux d'un lieu à un autre, en général au printemps et à l'automne.

Milieu Environnement d'un animal, qui influence son développement et son comportement.

Mue Processus au cours duquel les oiseaux perdent leurs vieilles plumes et les remplacent par des neuves.

Nectar Sécrétions sucrées des fleurs qui attirent les oiseaux et les insectes.

Nichée Ensemble des oiseaux d'une même couvée qui sont encore au nid.

Nidicoles Oiseaux chez lesquels les petits sont souvent nus à l'éclosion, dépendant entièrement des adultes pour leur survie.

Nidifuges Oiseaux chez lesquels les petits sont rapidement autonomes et quittent le nid très tôt.

Nocturne Qui est actif la nuit.

Œuf Pondu par la femelle de l'oiseau, l'œuf est entouré d'une coquille et comprend le jaune et le blanc. S'il est fécondé, un embryon se développe en se nourrissant du blanc et du jaune. Une fois prêt, l'oisillon brise sa coquille. Les reptiles, les insectes et les crustacés pondent également des œufs.

Ornithologue (ou ornithologiste) Personne qui observe et étudie les oiseaux.

Parade nuptiale Comportement du mâle et de la femelle d'un oiseau ou d'un autre animal quand il tente de séduire un partenaire sexuel.

Pelotes Régurgitées par certains oiseaux, notamment les rapaces, les pelotes contiennent les parties non digestibles de la nourriture, telles que les os, les poils ou les coquilles.

Pigment Substance qui colore la peau, les plumes ou d'autres tissus d'un animal ou d'une plante.

Plume Élément de base du plumage. Elle est faite de kératine (comme les ongles ou les cheveux) et comprend un étui, ou rachis, sur lequel sont attachés deux vexilles. Ces derniers sont faits de nombreuses barbes et donnent à la plume sa forme et sa couleur.

Prédateur Animal qui chasse et mange d'autres créatures vivantes. Les oiseaux de proie sont des prédateurs qui chassent d'autres oiseaux ou des mammifères.

Proie Animal tué par un autre pour être mangé.

Rachis Partie centrale et allongée de la plume, sur laquelle sont fixés les vexilles.

Rapace Oiseau carnivore aux doigts armés de serres, au bec puissant, arqué et pointu. Certains rapaces, tels l'aigle ou le vautour, sont diurnes (actifs le jour) ; d'autres, comme la chouette ou le hibou, sont nocturnes (actifs la nuit).

Rectrice Terme scientifique désignant une plume de la queue.

Rémige Terme scientifique désignant une plume de l'aile.

Sternum Os de la poitrine reliant les côtes entre elles. Les oiseaux qui volent ont un sternum large, en forme de quille, sur lequel viennent s'attacher les puissants muscles du vol.

Territoire Espace défendu par un oiseau ou un autre animal contre des individus de la même espèce, particulièrement pendant la saison de la reproduction.

Thermique Colonne ascendante d'air chaud. Certains oiseaux, comme les vautours,

gagnent de l'altitude dans les thermiques, puis se laissent glisser vers le sol ou vers une autre thermique.

Théropodes Groupe qui comprend tous les dinosaures carnivores.

Torpeur État de dormance voisin du sommeil, au cours duquel le métabolisme et la fréquence cardiaque sont ralentis, tandis que la température corporelle est abaissée. En économisant de l'énergie, cet état permet à l'oiseau de résister aux périodes froides.

Toundra Vaste étendue sans arbres sur le pourtour de la région arctique en Asie, en Europe et en Amérique du Nord.

Vertébrés Animaux dotés d'une colonne vertébrale. Les oiseaux, les poissons, les reptiles, les amphibiens et les mammifères sont des vertébrés. Les vertèbres sont les os qui constituent la colonne vertébrale.

Vexille Partie de la plume désignant l'ensemble des barbes attachées sur un côté du radius.

Vitellus Jaune de l'œuf. Si l'œuf est fécondé, l'embryon grandit en utilisant les réserves que sont le jaune et le blanc.

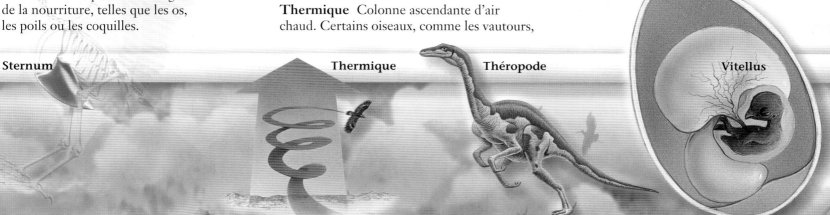

Sternum   Thermique   Théropode   Vitellus

INDEX

Les éditeurs remercient les consultants suivants pour leur aide dans la réalisation de cet ouvrage : Barbara Bakowski, Renee Clark, Sidney A. Gauthreaux, Matthew Hoffman.
Nous remercions également les enfants qui ont été photographiés dans ces pages : Sienna Berney, Michelle Burk, Simon Burk, Julia Eger, Matthew Eger, Kevin Peters, Andrew Tout.
CRÉDITS PHOTOS (h = haut, b = bas, d = droite, g = gauche, c = centre, e = extrême)
Ad-Libitum 5 b, 12 bg, 12 bc, 22 bg, 22 bc, 25 hd, 28 bg, 30 c, 30 bg, 34 c, 34 hd, 42 hd, 43 hd, 44/45 c, 44 h, 52 b, 56 bg (M. Kaniewski). **AKG Photo London** 10 hd, 18 c, 18 cg. **AP/Wide World Photos**, 50 cg (Kathy Willens). **Aquila Wildlife Images** 11 bg (J. J. Brooks), 34 bc (Gary Smith), 50 bg (M. C. Wilkes). **ARDEA London** 55 bc, 59 bd (D. Avon), 57 bd (F. Collet), 61 cd (J. Daniels), 57 cd (John S. Dunning), 28 c (M. D. England), 15 bd, 44 bc (Kenneth Fink), 38 hd (Peter Steyn), 61 hd. **Auscape** 47 cd (John Cancalosi), 21 hd, 49 bd (Jean-Paul Ferrero), 21 cd (Ferrero-Labat), 38 bd, 45 bd (François Gohier), 14 bd (Mark Hamblin-OSF), 61 bd (Owen Newman-OSF). **Bruce Coleman Collection** 47 bd (Trevor Barrett), 45 bg (John Cancalosi), 17 b (Brian J. Coates), 39 cd (Rita Meyer), 19 cg, 46 bg (Kim Taylor), 28 bg (Gunter Ziesler). **Clemson University, SC** 40 hd (C. G. Belsu).
CSIRO Australia, section Nature et Écologie 20 c (David Westcott). **Frank Lane Picture Agency** 19 cd (H. D. Brandl), 34 bg (Hugh Clark), 35 bd (F. Hartmann), 47 hd (J. Hawkins), 51 bd (David Hosking), 36 bg, 54 bd, 59 bg (E & D Hosking), 37 bd (Philip Perry Kruger), 51 bg (Fritz Polking), 58 bd (Leonard Lee Rue), 35 hd, 53 bd, 53 cd (Roger Wilsmhurst), 27 bd (Martin Withers).
Magnum Photos 44 bg (Erich Hartmann). **Marie Read Natural History Photography** 27 hd (Marie Read). **Minden Pictures** 37 hd (Frans Lanting). **National Geographic Society** 11 bg (O. Louis Mazzatenta). **Natural History Photographic Agency** 57 cd (Bill Coster). **National Museum of Natural History** 15 bg (Smithsonian Institution/Chip Clark). **Oxford Scientific Films** 48 bg (Mike Birkhead), 10 bd (David M. Dennis), 58 bg (Mark Hamblin), 26 g (Mark Jones), 35 bg (Dr. F. Koster), 22 cd (John Netherton), 32 bg (James H. Robinson), 35 hg (Tony Tilford),

55 bd (Steve Turner), 34 bd (Tom Ulrich). **Photo Researchers Inc**. 53 ecd (Bill Dyer), 53 hd (Brock May), 44/45 c (Anthony Mercieca). **Jan Pierson** 38 c. **Planet Earth Pictures** 15 bg (Mary Clay), 22 hd (Geoff du Feu), 36 c (Paulo de Oliveira), 55 bg (Pete Oxford). **Popperfoto** 61 c. **Wendy Shattil/Bob Rozinski** 32 c. **The Granger Collection** 58 c. **The Photo Library, Sydney** 12 bc (Eye of Science/SPL), 21 hd (Nick Green), 32 cg (Herbert Lange). **Tom Stack and Associates**. 48 bd (John Gerlack), 16 bg (Larry Tackett). **Twin Tigers Photography** 9 bg (Graeme Outerbridge). **Ullstein Bilderdienst** 33 b (dpa). **University of Glasgow** 48 c (Dr. Bernard Zonfrillo). **VIREO/Academy of Natural Sciences** 50 bd (A. Morris).
CRÉDITS D'ILLUSTRATIONS
Jane Beatson 4 cdh, 25 hg, 36 h, 36 b, 37 b, 43 hd, 52/53 c, 52 h, 54/55 c, 54 h, 63 hcd. **David Blundell/Wildlife Art Ltd.** 25 b (Globes), 41 h, 41 hd, 41 c (Globes). **Dan Cole/Wildlife Art Ltd.** 5 c, 6 hd, 8/9 c, 8 h, 9 d, 24 hd, 25 b (Oiseaux) 26/27 c, 26 b, 27 b, 26 h, 40/41 b, 41 bd, 41 cd, 40 h, 41 h (Oiseaux), 62 hcd. **Barry Croucher/Wildlife Art Ltd.** 4 hd, 6 c, 7 c, 10/11 c, 10 h, 11 cg, 11 c, 11 cd, 18/19 c, 18 h, 18 cd, 18 b, 19 b, 63 bcg, 63 bcd. **Christer Eriksson** 36/37 c. **Lloyd Foye** 5 hg, 7 h, 16/17 c, 16 h, 17 d, 54 bd, 32/33 c, 32 h, 33 d, 34/35 c, 34 h, 45 hg, 45 d, 62 bcg, 62 bd, 62 bcd. **Gino Hasler** 6 cd, 12 h, 12 cd, 13 d, 13 c, 13 bg, 63 bl. **Rob Mancini** 5 hd, 6 bd, 7 bd, 14/15 c, 14 h, 15 c, 15 b, 22/23 c, 22 h, 23 b, 23 d, 24 cdh, 25 cd, 28/29 c, 28 h, 29 d, 38/39 c, 38 h, 38 b, 39 b, 62 hg, 62 hcg, 63 hg, 63 hcg, 63 hd. **Stuart McVicar/Geocart** 8 bg. **John Richards** 4 bd, 42 c, 42 b, 43 cg, 43 bd, 46/47 c, 46 h, 48/49 c, 48 h, 50/51 c, 50 h, 58/59 c, 58 h. **P. Scott/Wildlife Art Ltd.** 4 cdb, 7 cb, 20/21 c, 20 h, 20 b, 21 b, 24 cdb, 30 h, 30 d, 30 b, 31 b, 31 c, 62 hd, 63 bd. **Chris Stead** 43 bg, 43 cd, 56/57 c, 56 h, 60/61 c, 60 h. **Cliff Watt** 45 hg, 45 c, 45 bd, 45 cd (Cartes).
CRÉDITS DE COUVERTURE
Ad-Libitum (M. Kaniewski). Jane Beatson. Dan Cole/Wildlife Art Ltd. Barry Croucher/Wildlife Art Ltd. Christer Eriksson. Lloyd Foye. Rob Mancini. Peter Scott/Wildlife Art Ltd. Chris Stead.

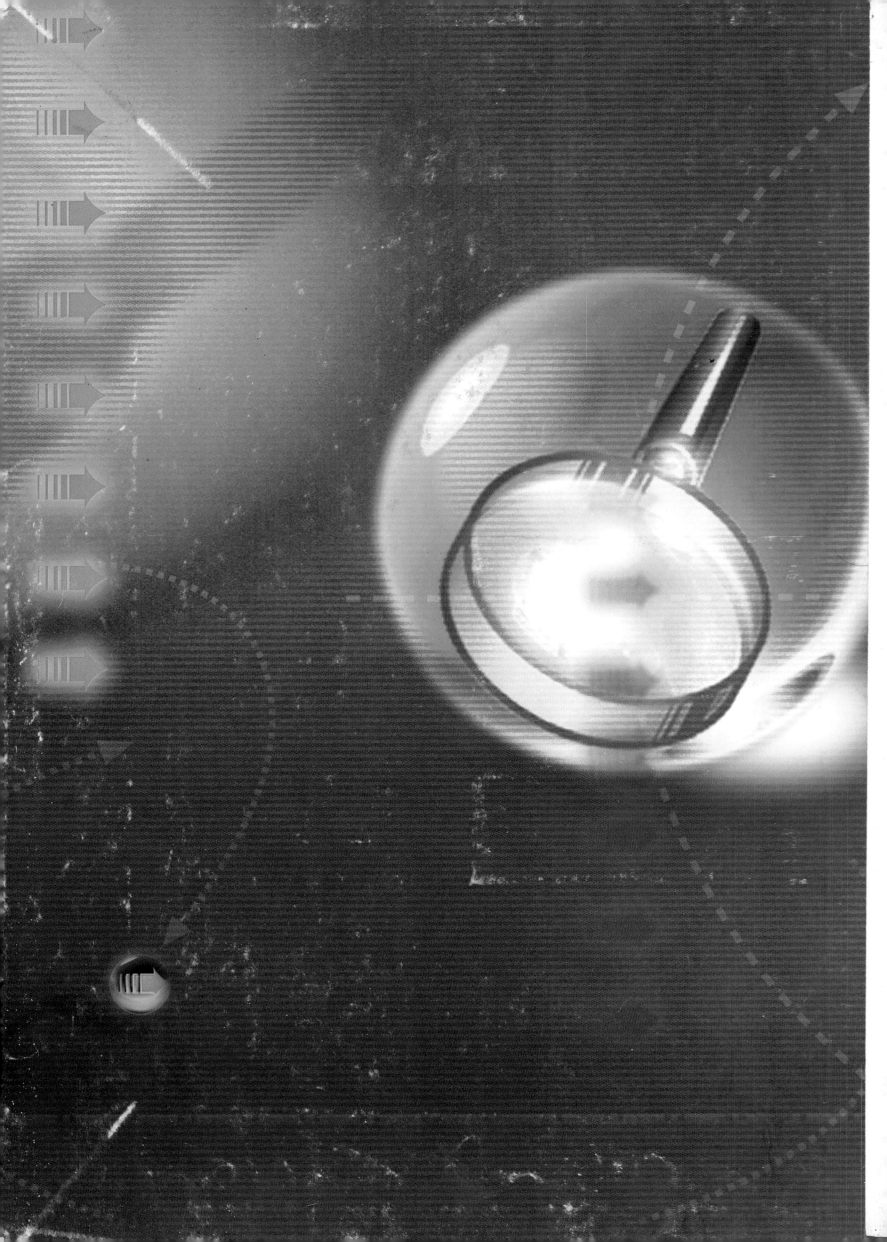